柳沼良太
［編著］

子どもが考え，議論する
問題解決型の
道徳授業
事例集
小学校

図書文化

はじめに

　従来の「道徳の時間」が「特別の教科 道徳」として新たに位置づけられることで、道徳授業の目標、指導方法、評価方法も根本的に転換することが目指されている。

　学習指導要領の改正を行うに当たっては、従来の道徳授業の課題として、読み物教材に登場する人物の心情を理解することに偏った指導が多い点、発達段階などを十分に踏まえていない点、子どもにわかりきったことを言わせたり書かせたりする点、実効性が低くていじめ問題や今日的課題に対応できていない点などが指摘されてきた。

　このように登場人物の心情を理解させ、ねらいとする道徳的価値を子どもに教え込むコンテンツ・ベースの道徳授業をいかに質的転換するかが、今度の改正で最も重要なポイントであった。

　新しい道徳科では、子ども自身が道徳上の諸問題に主体的に取り組み、どのように行為・実践するかまで考え議論する、問題解決型の道徳授業に転換することが求められている。つまり、人生で出会うさまざまな問題を解決して、よりよく生きるための基盤となる道徳性を育むような、コンピテンシー・ベースの道徳授業が重要になってくるのである。こうした道徳科の指導方法は、教科横断的で総合的に生きて働く道徳的資質・能力を育成するため、各教科等に先駆けてアクティブ・ラーニング型の授業を展開することになる。

　それでは、「子どもが考え議論する問題解決型の道徳授業」とは、具体的にどのようなものなのか。こうした新しい道徳科の指導方法については、2014年から2015年にかけて文部科学省に設置された中央教育審議会の道徳教育専門部会、道徳教育の充実に関する懇談会、および道徳教育に係る評価等の在り方に関する専門家会議において具体的な審議が徹底して行われた。筆者もこうした諸々の会議に参加させていただき、新しい道徳科の指導方法として問題解決的な学習や体験的な学習を積極的に導入すべきであると首尾一貫して提言してきた。

　本書でいう「問題解決型の道徳授業」とは、道徳科で新たに推奨されることになった問題解決的な学習と体験的な学習を含んだ指導方法の総称である。

　2015年３月に公示された学習指導要領の一部改正でも、道徳科の指導では問題解決的な学習や体験的な学習を積極的に取り入れるよう明示されているため、新しい指導方法の必要性は、すでに広く周知されてきている。しかし、こ

うした「道徳科における問題解決的な学習」に関しては，具体的な指導方法が示されていないため，さまざまな誤解や曲解も渦巻いているのが現状である。

そこで本書では，「道徳科における問題解決的な学習」のあり方を具体的に示し，小学校における道徳授業を豊富な実践例とともに提示することにした。

新しい道徳科が成功するかどうかは，学校現場の先生方が古い指導方法だけにとらわれず，こうした新しい問題解決型の道徳授業を適切に導入し実践できるかどうかにかかっていると言っても過言ではない。

「新しい葡萄酒は新しい革袋に入れなければならない」という格言がある。ぜひ道徳科が設置された趣旨をご理解のうえ，新たな指導方法を積極的に取り入れ，新しい日本人，つまり自己の生き方や人間としての生き方を主体的に考え判断し行動できる日本人を育成していただきたい。

次に，本書の内容構成を説明しておきたい。

第1章では，道徳の教科化の議論を踏まえ，なぜ道徳科に問題解決的な学習が導入されることになったか，その指導方法はどうあるべきかについて概説する。ここでは，その道徳科の目標，指導方法，評価法を相互に関連づけて説明している。

第2章では，問題解決型の道徳授業のつくり方について具体的に説明している。ここでは授業の目標とデザインから，ねらいの立て方，主題の設定，学習指導過程の枠組み等まで具体的に示している。学校現場で問題解決型の道徳授業をすぐに取り入れたいと考えておられる方は，ここから読んでいただいてもけっこうである。

第3章では，小学校の問題解決型の授業として各学年で3つずつ，合計18の指導案をそれぞれ実際に提示してある。これらはすべて大学の研究者である筆者と学校現場で実践される先生方が協働して開発・実践した問題解決型の道徳授業である。これらの指導の実際を読むだけでも，問題解決型の道徳授業のやり方がわかり，その臨場感を十分味わっていただけるだろうと思う。

本書がこれからわが国で本格的に導入される問題解決的な学習や体験的な学習を用いた新しい道徳授業の有意義な手引書として有効活用いただければ，誠に幸甚である。

2016年1月6日

柳沼良太

もくじ 子どもが考え,議論する 問題解決型の道徳授業 事例集

003　はじめに

第1章 道徳科における問題解決的な学習のあり方

- 008　1　「読み取り道徳」から「考え議論する道徳」への質的転換
- 009　2　道徳教育と道徳科の目標
- 012　3　道徳科の指導方法
- 015　4　道徳科の評価方法
- 016　5　今後の課題と展望

第2章 問題解決型の道徳授業のつくり方

- 018　1　「授業の目標」を明確にし,どう授業をデザインするか
- 020　2　「ねらい」をどう立てるか
- 021　3　「主題」をどう設定するか
- 022　4　「教材」をどう分析し,どう提示するか
- 023　5　「児童の実態」をどう捉えるか
- 024　6　「学習指導過程」をどう構想するか
- 029　7　「発問」の構成をどのようにするか
- 033　8　道徳用ノート・ワークシートをどのように作り,どう活用するか
- 036　9　役割演技はどう取り入れるか
- 036　10　新たな場面はどう提示するか
- 037　11　討論（ディベート）はどう取り入れるか
- 037　12　指導方針はどうあるべきか
- 040　13　問題解決のための支援はどのようにするか

043	**14**	道徳性をどのように評価するか
045	**15**	問題解決型の道徳授業例「はしの上のおおかみ」

第3章 問題解決型の道徳授業の実践例

054	**1年**	①「二わのことり」
062		②「また，こんど」
068		③「となりのせきのますだくん」「ますだくんの１ねんせい日記」
074	**2年**	④「モムンとヘーテ」
080		⑤「だれのをさきにしようかな」
086		⑥「なまけにんじゃ」
092	**3年**	⑦「名前のない手紙」
098		⑧「水飲み場」
105		⑨「おばあさん，だいじょうぶ？」
112	**4年**	⑩「父の言葉」
119		⑪「くやしなみだ」
126		⑫「あれでよかったの？」
132	**5年**	⑬「言葉のおくりもの」
138		⑭「すれちがい」
144		⑮「借りた学級文庫」
150	**6年**	⑯「うばわれた自由」
157		⑰「のりづけされた詩」
163		⑱「田中正造―正義のために生きた人―」

172　**おわりに**

第1章 道徳科における問題解決的な学習のあり方

本章では，これまでの道徳教科化にいたる中央教育審議会の答申，学習指導要領の一部改正，道徳教育に係る評価等の在り方に関する専門家会議における審議を踏まえ，新しい道徳教育と道徳科はどうあるべきかを概説する。

まず，道徳教育および道徳科の目標として，「道徳性の育成」はいかにあるべきかを提示する。次に，道徳科の指導方法として重視される問題解決的な学習と体験的な学習を取り上げる。第3に，道徳における評価方法のあり方を考察することにしたい。以上から道徳科の目標と指導と評価を一体化した問題解決的な学習のあり方を明らかにしたい。

子どもが考え，議論する　問題解決型の道徳授業 事例集

❶「読み取り道徳」から「考え議論する道徳」への質的転換

　2015年3月に学校教育法施行規則の一部が改正され，これまでの「道徳の時間」が「特別の教科である道徳」として改められ，小・中学校の学習指導要領が告示された。また，同年7月には小・中学校の「学習指導要領解説　特別の教科　道徳編」（以下，解説書）も示された。

　基本的には，この学習指導要領とその解説書に沿った形で，道徳教育と道徳科が実施されることになる。こうして新たに誕生する道徳科は，単に従来の「道徳の時間」の延長ではない。文部科学省では，今回の学習指導要領改訂の趣旨を「道徳教育の抜本的改善・充実」と銘打ち，「読み取り道徳」から「考え議論する道徳」への「質的転換」であると特徴づけている。つまり，従来のように読み物教材に登場する人物の気持ちを理解させ，道徳的価値を教え込むような授業ではなく，子どもが主体的に考え議論する問題解決型の道徳授業を積極的に導入することが求められているのである。

　この点について文部科学省の教育課程企画特別部会の論点整理（2015年）では，以下のように「道徳科の指導方法」について明確に方針を示している。非常に重要な箇所なので，少し長いがそのまま引用しておきたい。

　　「考え，議論する」道徳科への質的転換については，子供たちに道徳的な実践への安易な決意表明を迫るような指導を避ける余り道徳の時間を内面的資質の育成に完結させ，その結果，実際の教室における指導が読み物教材の登場人物の心情理解のみに偏り，「あなたならどのように考え，行動・実践するか」を子供たちに真正面から問うことを避けてきた嫌いがあることを背景としている。このような言わば「読み物道徳」から脱却し，問題解決型の学習や体験的な学習などを通じて，自分ならどのように行動・実践するかを考えさせ，自分とは異なる意見と向かい合い議論する中で，道徳的価値について多面的・多角的に学び，実践へと結び付け，更に習慣化していく指導へと転換することこそ道徳の特別教科化の大きな目的である。

　このように「考え，議論する」道徳科の指導方法となる「問題解決的な学習」「体験的な学習」は，読み物教材の登場人物の立場で「自分ならどのように行為・実践するか」を考えさせるのが，最大のポイントになる。それゆえ，従来の道徳授業のように，「登場人物はどんな気持ちだったか」「どうしてそんな気持ちになったか」と心情理解に偏った授業展開とは一線を画する。また，現実の学校生活におけるトラブル（いじめ，喧嘩，校則違反など）を取り上げ，学級活動のように話し合ったり生徒指導（生活指導）したりする授業展開とも異なる。

　そこでこうした誤解や曲解をなくすために，道徳科における問題解決的な学習の指

導方法については，2016年に公示される「道徳教育に係る評価等の在り方に関する専門家会議」の報告書とそれを受けて刊行される『教師用指導資料』に基づいて，具体的な改善が図られ，学習指導要領の解説書も関連箇所は一部改正されることになる。

なお，文部科学省の基本的見解としては，すでに「『特別の教科 道徳』の実施に向けて」（『初等教育資料』9月号臨時増刊，2015年）において，小松親次郎初等中等教育局長の巻頭言と合田哲雄初等中等教育局教育課程課長の寄稿文で明確に示されている。

以上のような経緯を踏まえ，道徳科における問題解決的な学習のあり方を，目標，指導方法，評価方法の3側面から具体的に検討することにしたい。

❷ 道徳教育と道徳科の目標

(1) 道徳教育と道徳科の関係

まず，根本となる道徳教育の目標から検討したい。ここでは，従来の学習指導要領と新しい学習指導要領の違いを明確にしておく必要がある。

従来の学習指導要領では，学校の教育活動全体で行う道徳教育において「道徳性」を育成し，週1時間の道徳授業においては「道徳的実践力」を育成するという独特の区分があった。そして従来の解説書によると，道徳性の諸様相には，道徳的な判断力，心情，実践意欲，態度，道徳的行為や習慣まですべて含まれるが，道徳的実践力の諸様相には，道徳的な判断力，心情，実践意欲，態度までしか含まれないと規定されてきた。

それゆえ，「道徳的実践力の育成」を目標とする道徳授業では，内面的資質だけ指導するべきであり，外面に表れる道徳的行為や道徳的習慣を指導してはいけないとされてきた。一方，「道徳性の育成」を目標とする道徳教育は，外面に表れる道徳的行為や道徳的習慣を指導することができるという解釈になった。このように道徳教育と道徳授業の目標がそれぞれ異なるために，従来の道徳授業は子どもの日常生活から乖離し，行動力の育成や習慣の形成につながらず，実効性を失っていくことになった。

そうした課題を克服するために，新しい学習指導要領では，道徳教育の目標と道徳科の目標を統一して，共に「道徳性」を育成することにした。つまり道徳科の目標を，従来の「道徳的実践力の育成」から「道徳性の育成」へと変更することで，道徳授業とその内外で行われる道徳教育に連続性と一貫性をもたせ，実効性を高めるように改良したのである。こうした目標のもとに道徳授業でも，道徳教育と同様に，道徳的行為や習慣に関する指導をしてもよいことになり，子どもが道徳的問題でどのように行為・実践し，習慣化したらよいかを考え議論することができるようになったのである。

(2) 道徳性の定義

次に，道徳教育で育成すべき「道徳性」の定義を確認しておきたい。従来の学習指導要領の解説書では，道徳性を「人間らしい良さ」や「道徳的諸価値が一人一人の内面において統合されたもの」として捉える傾向が強かった。それゆえ，道徳性を育成するためには，内容項目に示された道徳的価値一つ一つを子どもに理解（自覚）させればよいと考えられてきた。

それに対して，2014年の中央教育審議会道徳教育専門部会の答申では，道徳性を「様々な課題や問題を主体的に解決し，よりよく生きていくための資質・能力」として定義し直した。それを受けて2015年に改正された学習指導要領でも，道徳性を「人生で出会う様々な問題を解決して，よりよく生きていくための基盤となるもの」として捉え直している。

ここでいう「よりよく生きるための基盤となる道徳性」とは，学校教育全体で育成する「生きる力」とも密接に関連している。2015年度の学習指導要領の総則にも示されたように，「道徳性」とは，従来のように「生きる力」の構成要素である「豊かな人間性」（情意的側面）の基盤だけではなく，人生で出会うさまざまな問題を解決する能力＝「確かな学力」（認知的側面）や，実際に行動・実践する「健康や体力」（行動的側面）の基盤にもなるのである。

こうした認知的，情意的，行動的側面を合わせもった総合的な道徳性を育成するためには，単に読み物教材に登場する人物の心情に絡ませて道徳的価値を理解（自覚）させるのではなく，子ども自身が主体的に道徳的問題の解決に取り組み，日常生活にもその学習成果を活用・応用できるようにする必要がある。

こうした生きて働く道徳性は，経済協力開発機構（OECD）のいう「キー・コンピテンシー」，国立教育政策研究所のいう「21世紀型学力」，アメリカを中心とした21世紀型スキル，イギリスのキー・スキルと思考スキル，オーストラリアの汎用的能力などとも関連している。教科横断的で総合的に問題解決できる資質・能力のもとになる道徳性が，いままさにグローバルに求められてきているのである。

こうした時代の趨勢を踏まえて，新しい学習指導要領では，道徳性を単なる静的な内面的資質として限定的に捉えるのではなく，道徳上の問題解決に資する動的な資質・能力（コンピテンシー）として捉え直し，日常生活において生きて働くものであることを強調したのである。

(3) 道徳教育の目標

以上のような道徳性の定義を踏まえて，新しい学習指導要領では，道徳教育の目標を以下のように示している。

「自己の生き方（人間としての生き方）を考え，主体的な判断の下に行動し，自立した

人間として他者と共によりよく生きるための基盤となる道徳性を養うこと」（括弧内は中学校）。

こうした道徳教育の目標は，単に道徳的価値内容を頭で理解すれば達成できるのではなく，現実的に判断し行動する能力や人間関係を構築する能力を養う必要がある。そのためには，単に抽象的で理想的な方向目標を漠然と示すのではなく，より具体的で実際的な行動目標を目指していくことが大事になるのである。

そもそも子どもは，日常の生活の中でさまざまな興味や関心をもって物事に取り組み，大小さまざまな問題に遭遇し，よりよい解決策を判断し実行しながら成長・発達していくものである。その際，自分の選択する解決策から生じるであろう結果に思いを巡らせたり，自他の考えや気持ちを共感的に理解して人間関係を適切に調整したり，実際に道徳的行為を経験したりするなかで，よりよく生きるための基盤となる道徳性を体得していく。子どもたちがそうした一つ一つの道徳的な思考や行為を積み重ね，たしかな道徳的習慣を形成し，豊かな道徳性や人間性を育んでいけるように教え導くことが，道徳教育の目標になったのである。

(4) 道徳科の目標

次に，以上のような道徳教育の目標を踏まえて，新しい学習指導要領では「特別の教科　道徳」の目標を以下のように示している。

「よりよく生きるための基盤となる道徳性を養うため，道徳的諸価値についての理解を基に，自己を見つめ，物事を（広い視野から）多面的・多角的に考え，自己の生き方（人間としての生き方）についての考えを深める学習を通して，道徳的な判断力，心情，実践意欲と態度を育てる」（括弧内は中学校）。

このように道徳科の目標では，まず指導内容として「道徳的諸価値についての理解」を示し，次に，指導方法として「物事を多面的・多角的に考え」ることを示し，最後に，「育成すべき資質・能力」として「道徳的な判断力，心情，実践意欲と態度」を示すという3段構成をとっている。これは教科の目標に対応させたことによる。

ここでいう「道徳的諸価値の理解」は，授業の「基」あるいは「きっかけ」にすぎないのであって，道徳科の目標は，あくまで道徳性（道徳的な判断力，心情，実践意欲と態度）の育成であることを肝に銘じる必要がある。

こうした道徳性を育成するためには，昔の国語科における物語文の読み取りを模倣したような指導方法にばかり固執するのではなく，社会科における問題解決学習のように，人生のさまざまな問題を「多面的・多角的に考える」指導方法に質的転換することが求められるのである。

従来のように「道徳的諸価値の理解」＝「道徳的価値の自覚」にばかり執着していると，コンテンツ・ベースの授業に揺れ戻されてしまう。それに対して，道徳科では「道

徳性の育成」を目標とするコンピテンシー・ベースの授業に質的転換することが重要である。そうすることで、道徳科は「育成すべき資質・能力」を明示したコンピテンシー・ベースの筆頭教科となり、2020年度以降に予定される各教科等の学習指導要領の全面改訂を先導する重要な役割を果たせることになるのである。

❸ 道徳科の指導方法

(1) 道徳科で指導方法はどう変わるのか

　従来の「道徳の時間」が新しく道徳科になることで最も改善するのは、指導方法である。「道徳の時間」は、画一的でマンネリ化しているという批判が多かった。わが国で道徳授業といえば、資料を読んで、登場人物の気持ちを3つほど尋ねて、ねらいとする道徳的価値を自覚させるというスタイルが一般的であった。そうした道徳授業では、望ましいと思われるわかりきったことを子どもに言わせたり書かせたりしていると批判されてきた。こうした道徳授業を繰り返しても、子どもの生活態度や問題行動に改善の効果がみられないため、実効性がないと指摘されてきた。

　そこで、新しい道徳科においては、より多様で効果的な指導方法を積極的に導入することが求められてきた。新しい学習指導要領では、登場人物の心情を「読む道徳」から道徳上の問題を多面的・多角的に「考え、議論する道徳」へと質的転換をすることが強調された。つまり、子どもに登場人物の気持ちを理解させ道徳的価値観を教え込むスタイルではなく、子どもが主体的に道徳的問題を考え議論するスタイルに転換していくことになったのである。これこそが、道徳科におけるアクティブ・ラーニングであり、各教科等の学習指導要領の全面改訂を先導するものとなるからである。

　上述したように道徳科では、「生きて働く道徳性」を育成するという目標や指導内容に対応させて、子どもの発達の段階を踏まえた指導方法に改善する必要がある。その際、道徳の内容項目をただ順番に一つ一つ理解させるのではなく、複数の道徳的価値が絡み合う問題を、主体的に考え判断する資質・能力を確実に育成できる指導方法が求められる。そこでは、子どもがしっかりと課題に向き合い、教師と語り合い、子ども同士で話し合い、内省を深めていくことが大事になる。

(2) 問題解決的な学習の活用

　「道徳科における問題解決的な学習」の定義は、2015年7月に示された学習指導要領の解説書（中学校）において次のように明示してある。

　　「道徳科における問題解決的な学習とは、生徒一人一人が生きる上で出会う様々な道徳上の問題や課題を多面的・多角的に考え、主体的に判断し実行し、よりよく生きて

いくための資質・能力を養う学習である。」

　ただし，この定義は小学校の学習指導要領の解説書と異なるところがあるが，文部科学省では小学校でも中学校の定義に準拠するよう指示を出している。

　道徳科における問題解決的な学習は，子どもが互いに意見を尊重し，協働してよりよい生き方を探究するためにも有効である。子ども自身が道徳的問題について考え，どうすべきか主体的に学び，考え，判断し，具体的な解決策を検討するような学習が重要なのである。

　これまでの道徳授業がマンネリ化し実効性に欠けていたのは，「主人公はどうしたらよいか」「自分ならどうするか」という問題解決的な発問がなかったからである。こうした問いがないと，現実的な問題に活用・応用・汎用する能力を育成することができない。他人事としていくら道徳的な話を学んでも，それは絵に描いた餅にすぎず，実際の道徳的な行為や習慣につながらないため，子どもの人格形成にも役に立たないのである。

　そこで新しい道徳科の授業では，指導のねらいに即して問題解決的な学習を取り入れ，子どもの興味・関心を生かし，自ら課題や問題に取り組み，多面的・多角的に考え，主体的に判断し解決できるように工夫することが有効である。例えば，道徳的問題を具体的に示した後で，「登場人物はどのようにしたらよいか」，「自分ならどのようにするか」，「人間としてどう生きるか」などについて多面的・多角的に考え，主体的に判断し，人間としての生き方・あり方について考えを深めることができる。

　また，道徳科における問題解決的な学習では，考え，議論する道徳授業にすることが期待されている。例えば，文部科学省が例示するように，「寛大な心をもって他人の過ちを許す（相互理解，寛容）」立場と「法やきまりへの放縦で自分勝手な反発を許さない（規則の尊重）」立場で対立している問題を取り上げる。あるいは，「理解し合い，信頼や友情を育む（友情，信頼）」立場と「同調圧力に流されない（公正，公平，社会正義）」立場で対立している問題を考える。

　こうした対立軸を明確にしたうえで議論し合い，「登場人物はどのようにしたらよいか」，「自分ならどのようにするか」，「人間としてどう生きるか」について熟議することが有意義なのである。

　これ以外にも，道徳的価値を実現しようとする自分とそうできない自分とが葛藤する問題を解決する学習も考えられる。こうしたテーマについて考えを深めるうちに，自分自身がどう生きるべきかという問題として十分に意識されるようになる。

　さらに，「思いやり」と「ほんとうの思いやり」，「形だけの礼儀」と「生きた礼儀」で比較しながら考えを深め議論することもできる。

　このことは，いじめ問題に対応する道徳授業であれば，なおさら重要である。どれほどいじめ対策のために立派な道徳授業をしようと，その後もいじめや校内暴力が続

いているようでは実効性があるとはいえない。実際にいじめ問題をどう解決するかを当事者（被害者，加害者，観衆，傍観者，仲介者など）の立場から具体的に考え，その防止や解消につながる授業にすべきである。

　また，今日的課題として，例えば情報モラル，生命倫理，環境倫理（持続可能な社会）等は，情報化やグローバル化の進展によって問題の状況が複雑であり，ときには答えが1つではない場合や特定の答えを決めかねる場合さえある。さらに，シティズンシップ教育や法教育，安全教育，食育なども道徳教育と関連づけて求められてきた。こうした緊急性がありながら答えの出しにくい今日的な課題には，子ども自身が主体的に考えるとともに，みんなで学び，考え，協働して探究し合い，実行可能な対応策を創り出すような，問題解決的な学習がより適している。

(3) 体験的な学習の活用

　従来の道徳授業は子どもたちの現実の生活習慣を改善することに生かされず，実効性のない点が批判の対象となってきた。こうした道徳授業の実効性を高めるためには，指導のねらいに即して，実際の道徳的行為に関する体験的な学習を取り入れることが大事になる。ここではコミュニケーションに係る課題を提示して，具体的な動作や所作のあり方について話し合う学習ができる。例えば，道徳的な問題場面を想定して，どのように行動したらよいかについて考え，その解決策を役割演技で行うなかでその是非について考えを深めることができる。

　また，授業で実物を用いたり実体験をしたりすることで実感を深めることもできる。例えば，導入や展開の一部で，車椅子に乗る体験をしたり，体に重りを付けたり，目隠しをして歩いたりして体の不自由さを体験的に理解することもできる。お互いの脈を計ったり，聴診器で心臓音を聴いたりして生命の鼓動を実感することもできる。さらに，礼儀作法やマナーに関する学習は，動作や所作を具体的に理解したうえで，それを体験的に学習することも有効である。特に，伝統的な礼儀作法やマナーについては，基本的な知識や技法を理解したうえで，実際のさまざまな場面を想定して，シミュレーション型の体験的な学習を自分でも行ってみることで習得できる。

　ただし，こうした体験的な学習を道徳科の授業に取り入れる際には，単に活動を行って終わるのではなく，子どもが体験を通じて学んだことを振り返り，その意義について道徳的価値と関連づけて省察することが大切である。体験的な学習を通して道徳的価値の理解を深め，さまざまな課題や問題を主体的に解決する学習となるように十分に留意する必要がある。

　以上のような問題解決的な学習や体験的な学習は，その後の学習や生活にも影響を及ぼし，総合的に生きて働く道徳性を養うことになる。こうした学習活動を経て，子どもが自己の生き方や人間としての生き方を確立するよう支援が大切になる。

❹ 道徳科の評価方法

　道徳科における評価については，現時点でも具体的な指針が明確に示されていないが，これまでの文部科学省の会議等で検討されてきた内容を示しておきたい。

(1) 道徳科の評価

　学習指導要領において，道徳科における評価は以下のように示されている。
　　「児童生徒の学習状況や道徳性に係る成長の様子を継続的に把握し，指導に生かすよう努める必要がある。ただし，数値などによる評価は行わないものとする。」
　道徳科で評価を行うのは，子ども一人一人の良さを認め，道徳性に係る成長を促すためである。こうした評価は，個人内の成長過程を重視し，「数値などによる評価」ではなく，目標を踏まえ指導のねらいや内容に照らして記述式で指導要録に示すことになる。こうした定義のもとに，道徳科における問題解決的な学習では以下のような評価が考えられる。

①形成的評価（特にパフォーマンス評価）

　最も重視されるのは，子どもが道徳的問題について多面的・多角的に考え，議論している学習過程を見とるパフォーマンス評価である。これは教科等でいう評価の3観点でいえば，「思考・判断・表現」に対応する。
　例えば，教材で提示する道徳的問題を「パフォーマンス課題」として設定し，子どもが問題解決する学習過程で意見を発表する様子やワークシート等に書いた内容からパフォーマンス評価をすることができる。また，道徳科に体験的な学習を導入した場合は，子どもが道徳的問題について役割演技やスキル学習をしながら「技能」を習得した点を評価することができる。

②自己評価

　授業後に子どもが自らの学習過程を振り返って，自己評価することもできる。例えば，登場人物の立場で多面的・多角的に考えることができた点，自己を見つめ自己の生き方について考えを深めた点，将来の課題や目標を見いだした点などをアンケートで尋ねることができる。こうした評価は，子どもの授業に関する「意欲・関心・態度」として捉えることができる。

③道徳的諸価値の理解

　従来のように，ねらいとする道徳的価値について子どもがどれほど理解を深めたかについて評価することが考えられる。これは教科等でいう評価の3観点でいえば，「知識・理解」に対応する。ただし，子どもが道徳的価値をどれほど理解したかという基準を安易に設定することはできないため，子どもが道徳的価値について示した発言や

記述を描写する程度になる。

④総括的評価（特にポートフォリオ評価）

　子どもが道徳を学習した過程や成果などをワークシートやノートに記録して積み重ね，学期ごとや学年ごとに全体を振り返る時間（カンファレンス）を設定することでポートフォリオ評価をすることができる。子どもが自らの道徳的成長を実感するとともに，これからの課題や目標を見つけ出すこともできる。

　子どもが道徳授業を受けることで道徳的実践をしたり道徳的習慣を身につけたりした点を自己評価し，それをポートフォリオ評価に反映させることもできる。

(2) 道徳教育と道徳科の評価

　学校の教育活動全体を通じて行う道徳教育と道徳科とを関連づけて評価を行うことも重要である。道徳科の成果として行動的側面に表れたものを評価する場合は，指導要録の「行動の記録」や総合所見を改善して活用することができる。

　現行の「行動の記録」の評価項目は，「思いやり・協力」や「公正・公平」など約10項目があるが，学校ごとに独自に重点項目を設定して，道徳教育全体に関連づけて評価するべきである。

　今後，道徳科を評価する欄と道徳教育全体を評価する「行動の記録」とを結びつけた総合的な評価をすることが大事になる。

❺ 今後の課題と展望

　上述したように，これからの道徳科では，目標となる「道徳性の育成」の意義をしっかり踏まえたうえで，子どもが主体的に考え議論する問題解決的な学習を効果的かつ積極的に取り入れ，創意工夫しながら実践を積み重ねていくことが大事になる。

　こうした新しい道徳科のポイントは，いかに目標と指導方法と評価方法を一体化し，相互に関連づけて有効に機能させるかである。また，道徳科を日常生活に関連づけ，授業がどのような効果を及ぼしているかを省察する必要もある。さらに，道徳科を各教科，特別活動，総合的な学習の時間等の特性に応じて関連づけ，学校の教育活動全体を通じて計画的・系統的に指導することも必要となる。

　こうした諸課題を現実レベルで意識しながら，PDCAサイクル（計画→実践→検証→改良）を繰り返すなかで，道徳科における問題解決的な学習は確実に定着し発展を遂げるだろう。

問題解決型の道徳授業のつくり方

第2章

本章から，いよいよ問題解決型の道徳授業のつくり方を具体的に解説する。これまで問題解決型の道徳授業として多種多様な展開が開発・実践されている。それゆえ，1つの「型」にとらわれる必要はないが，それでも初めは，ある程度まで問題解決型の道徳授業の基本的なつくり方を理解して，指導案を構想したほうがよい。

実際に問題解決型の道徳授業を行う際には，以下の基本的な事項を認識したうえで，各教師が児童の実態や学習環境に合わせて適宜に創意工夫し，自由かつ創造的に指導案を開発・実践していただきたい。

子どもが考え，議論する　問題解決型の道徳授業 事例集

❶「授業の目標」を明確にし，どう授業をデザインするか

(1) 授業の目標

　まず，道徳科の授業の目標を明確にしておきたい。学習指導要領では「特別の教科　道徳」の目標を以下のように示している。

　　「よりよく生きるための基盤となる道徳性を養うため，道徳的諸価値についての理解を基に，自己を見つめ，物事を多面的・多角的に考え，自己の生き方についての考えを深める学習を通して，道徳的な判断力，心情，実践意欲と態度を育てる。」

　この目標を達成するために，問題解決型の道徳授業では，読み物教材をもとに子どもが自ら道徳的諸価値に関連した問題に向き合い，その解決に向けて物事を多面的・多角的に考え，自分はどう生きるべきか，人間としていかに生きるべきかについて考えを深め，議論し合うことになる。そうした学習を通して，資質・能力として生きて働く「道徳性」（道徳的な判断力，心情，実践意欲と態度）を育成することになる。

　そのなかでも，子どもの道徳性を発達段階に応じた同心円的な拡大としてみなし，新しい学習指導要領の内容項目の4つの視点に合わせて，具体的な主題や授業のねらいを設定していく。

> ①　自分づくり（Aの視点）
> ②　人間関係づくり（Bの視点）
> ③　集団や社会との関係づくり（Cの視点）
> ④　自然や崇高なものとの関係づくり（Dの視点）

①自分づくり

　第1の目標は，道徳的な問題を子どもたちが解決することを通して，自らの経験を再構成し，自己を豊かに創り上げ，道徳的な成長を遂げることである。ここでは，「自分はどのような人間になりたいか」「そのためには，どのような道徳的資質・能力や道徳的価値を身に付けなければならないか」について基礎を固めることになる。

　自分がよりよく生きるためには，単に自らの欲望や本能に従って自己中心的に行動するのではなく，他者への配慮をもち，自他の欲求や権利を尊重し，義務や社会規範をわきまえることが大事になる。また，自尊心や自己効力感をもち，誠実で忍耐強く，勤勉で責任ある行動をとれるようにすることなども考慮に入れる必要がある。

②人間関係づくり

　第2の目標は，子どもたちが人間関係に係る問題を解決することを通して，より豊かな生活様式や対人関係能力を獲得することである。子どもは日々の生活で周りの人たちと人間関係を築き，ときに悩み苦しみながらも，その課題を克服することでより

豊かな人間関係を再構築することができる。ここでは「他者とどのような人間関係を築きたいか」「そのためには，どのような人間関係の資質・能力や道徳的価値を身に付けるべきか」について考える必要がある。

道徳科では，さまざまな人間関係のなかに具体的な問題を見いだし，その課題を明確にし，関係者の考えを共感的に理解したり調整を図ったりして，お互いに納得できるような解決策を構想し，それを実践できるような能力を養うことが大事になる。

その際，子どもが教師や友達と温かい信頼関係を築きながら，互いの多様な意見を尊重し，学び合い，協働探究する力を身につけることも必要になる。

③集団や社会との関係づくり

第3の目標は，子どもたちが集団や社会との関係において問題となることに向き合い，それを多面的・多角的に考え，よりよい解決策を探究する力を養うことである。ここでは「どのような集団や社会を築きたいか」「そのためには，どのような社会的資質や能力，道徳的価値を身に付けるべきか」を考える必要がある。

自他を尊重し，平等，公正，正義などの道徳的価値を尊重しながら，学校や社会における公共的問題を解決し，相互に納得し合意を形成する力を身につけるとともに，真の民主主義社会を構築する力をつけることが求められる。

④自然や崇高なものとの関係づくり

第4の目標は，子どもが自然や崇高なものとの関係において問題となることに向き合い，それを多面的・多角的に考えることで，より豊かな人間性を育成することである。ここでは「自分はどう生きたいか」「人間としてどう生きたいのか」「そのためには，どのような資質・能力，道徳的価値を身に付けるべきか」という究極の課題を解決していくことになる。

①から③までの目標は現実的な問題であるが，④の目標はある意味で現実生活から超越して，「よりよく生きる喜び」を根源的に追究することになる。その意味で，究極の自己実現につながるもので，すぐに効果が図られるものではないが，人間性の根源を掘り下げ，生きる意味を見いだすためには非常に大切になる。

(2) 授業のデザイン

次に道徳授業の全体をデザインする。問題解決型の道徳授業では，子どもの実態を調査し，子どもが問題解決する思考過程に合わせて授業全体を総合的にデザインする。

そのためには，教師がその授業で子どもたちにどのような道徳的資質・能力を養い，どのような道徳的諸価値を理解させるかを明確にし，そのねらいに迫るための問題解決場面に重点を置いて学習指導過程の時間配分をする。

学習指導過程は，一般的に「導入・展開前段・展開後段・終末」に分け，それぞれの段階において子どもの思考過程が深まるように工夫する。例えば，子ども同士の豊

かな人間関係を築きたいのであれば，導入で友人関係に関する問題意識を高め，展開の教材で具体的な出来事から友情や思いやりに係る問題に取り組み，終末では今日の学習から何を学び，今後どのように生きるべきかについて結論づける。

　また，授業のテーマに合わせて，教師の発問や指導すべきスキルを決めていく。この際，留意すべき点は，従来の道徳授業のように登場人物の心情理解に重点を置くのではなく，問題解決に重点を置くことである。問題解決型では，道徳的問題を多面的・多角的に考えるための発問を意図的に用意して議論を活性化する。また，机上の空論とならないように，実際の学校現場で活用できる形で問題解決できるようにする。

　問題解決型の道徳授業は，道徳上の問題について考え議論することが中心になるため，教師と子どもたちの問答や対話をできるだけ想定しておき，話し合ったりワークシートに書き込んだりする時間を十分に確保しておくことが大切である。

　最後に，道徳授業の事前指導と事後指導を計画し，各教科や特別活動，総合的な学習の時間と関連づけ，学校教育全体で行う道徳教育を補い，深め，発展させることができるよう多角的にデザインする。その際，子どもたちが授業で育成した道徳的資質・能力や取り上げた道徳的価値を，学校生活でどのように生かせるか具体的に構想し，今後の実践や習慣形成に結びつけ，その効果を検証していく。

❷「ねらい」をどう立てるか

　一般的に道徳授業のねらいは，学習指導要領にある内容項目を形式的に年間指導計画に割り振ることが多いため，どうしても子どもの実態から離れた指導になりがちである。そこで，問題解決型の道徳授業のねらいは，学習指導要領にある内容項目に合わせたマクロの視点と，子どもの実態や読み物教材に合わせたミクロの視点からの2本立てで行うようにする。

①**内容項目に即した「大きなねらい」を立てる。**

　大きなねらいは，子どもたちの道徳性の発達状況や学校生活における道徳的問題や学習内容を見据えて，上述した「授業の目標」に対応した内容項目に関連づけながら長期的なビジョンとして立てる。

　この大きなねらいでは，単なる「道徳的諸価値の理解」にとどまることなく，育成すべき資質・能力に関連づけるようにすることが大事である。主体的に思考し判断すること，問題を発見し解決すること，および協働して探究し合意を形成することなどはどの授業にも共通して重要なテーマになる。

②**教材に即した「小さなねらい」を立てる。**

　教材に即したねらいは，授業時間内に達成しようとする具体的な内容にする。ここ

でも，単なる道徳的諸価値の理解にとどまらず，育成すべき資質・能力を示すように留意したい。例えば，教材の主人公（登場人物）の立場で，公正・公平にかかわる問題解決に取り組むことを通して，主体的に道徳的な価値判断ができる能力を養うようにする。また，別の登場人物を共感的に理解しながら，自他の意見を尊重し調整する力を養うようにすることも考えられる。

③子ども一人一人に即したねらいを立てる。

　子どもはさまざまな個性や特性をもち，それぞれ課題や目標をもって生きている。そこで，できるだけ子ども一人一人の個性や課題に応じたねらいを設定し，問題解決する際に支援をすることが望ましい。

　毎時，子ども全員分を用意できない場合は，抽出児童を何名か設定して，その子どもたちに適した課題と指導のねらいを立てることもできる。

❸ 「主題」をどう設定するか

　主題の設定は，子どもたちを取り巻く日常生活でどのような道徳的問題があり，どのような目標とねらいを設定したかで決まる。問題解決型の道徳授業のねらいは，❶の（1）で上述した4つの内容項目と対応しているため，それに応じた主題を設定する必要がある。学校内外で子どもたちにかかわる道徳的問題が生じたり学校行事が予定されたりしたら，それに関する主題を道徳授業に組み込むこともできる。主題設定の理由として述べるべき内容は，おもに以下の3つである。

①子どもたちの道徳性の発達課題と目標を述べる。

　子どもたちの道徳性（道徳的判断力，心情，実践意欲，態度）の発達状況を把握したうえで，道徳的な問題状況を明らかにし，解決すべき課題を主題として設定する。その際，子どもたちの道徳性をどのような認識からどのような認識へ移行させたいのかを明らかにしておく。

②教師自身の道徳的価値に関する考えを明確にする。

　教師が，ねらいとする道徳的価値をどのように考え，子どもたちにどのように伝えたいのかを明確にする。道徳的価値の一般的な意味だけでなく，道徳的価値の原理的な意味合いや子どもたちの実態に即した道徳的価値の意義も掘り下げておく。

③教材に対する教師の見解と指導上の留意点を述べる。

　教材の原作者が考えたもともとの主題だけでなく，道徳授業のねらいに合わせた教師の主題を述べる。教師が教材の内容をどう解釈し，どの問題のどの対立点を取り上げ，どの道徳的価値に焦点を当て，どのような解決を目指すのかを明らかにする。また，子どもたちの見解をいろいろ予想して指導上の留意点も用意しておく。

❹「教材」をどう分析し，どう提示するか

(1) 教材の分析

まず，教材に含まれる問題とその解決策を検討する必要がある。どの教材も解釈次第では多様な見解が引き出されるため，事前にそこに含まれる問題点や道徳的価値を分析しておく。

①教材にどのような道徳的問題が含まれているかを確認する。

教材には大小さまざまな道徳的問題が含まれているが，本時の授業でどの問題を取り上げるのか明確にする。

②問題に含まれる主要な道徳的価値を抽出する。

1つの問題の中には，複数の価値が含まれている。例えば，中心価値を「親切」とした場合でも，それ以外にも周辺価値として思いやり，思慮分別，公正・公平などにも配慮しなければならない。また，複数の道徳的価値の中で授業における優先順位も確認しておくことが大事になる。

③問題の対立点を分析する。

どのような考え（価値観）が対立しているかを確認する。例えば，思いやりに基づく考え方と正義に基づく考え方が対立していることがある。そこではだれがどのような価値観に基づいて主張し，だれのどのような価値観と対立しているかをみる。また，だれが満足（Win 状況）で，だれが不満足（Lose 状況）かを分析する。

④解決策を分析する。

教材で提示された解決策の是非を分析する。もし教材の解決策に納得できなければ，問題の当事者全員が満足できるような代替案をいろいろ構想する。

(2) 教材の提示方法

前述した教材の分析を踏まえて，提示の仕方を工夫する。問題解決型の教材の提示方法は，以下の3パターンである。

> ① 教材の全文を提示する。
> ② 道徳的問題だけを提示する。（結末の場面をカットする）
> ③ 教材をいくつかに分割して，順番に問題場面を提示する。

一般的に，感動教材や範例教材は，全文を読み通してから議論する①のパターンが多い。その理由はカットした結論部分を後で提示すると，それが現実離れした模範解答のようになって白けてしまうからである。

一方，葛藤教材や批判教材は，問題場面だけ提示して，結末の場面をカットする②

のパターンにする。その後の展開を予想しながら解決策を考え，議論する。後でカットした部分を提示する場合は，それが必ずしも模範解答ではないことを断ったうえで，子どもたちの考えた複数の解決策と比較し検討する。

　教材が長い場合や問題が多い場合は，③のパターンで問題を2～3に分割して提示する。それぞれの場面で問題解決を試みて，最後に全体を概観する。

(3)　自作教材の活用
　道徳の教材を自ら作る場合は，学級や学校で実際に起きている（起こりそうな）道徳的問題を取り上げ脚色し，伝えたいメッセージを含めて物語を作り，ワークシートとセットで作成する。ただし，自作教材が実際の子どもたちの生活にあまりにも密着して生々しいと，子どもの心を傷つけたり興奮させたりするので，名前や状況設定を変える必要がある。

　主要教材は教科書や副読本を活用するとして，展開後段のところで別の場面設定をする際に，日常生活と関連づけた自作資料を提示すると有効である。

❺「児童の実態」をどう捉えるか

　子どもの実態は，一般的には学級の大まかな傾向を述べ，数人の子どもを観察して一般的な特徴を導き出すことが多い。ただこれだけでは，教師の主観的な思い込みが払拭できず，子ども一人一人の道徳的問題や発達課題を捉えきれない。そこで，問題解決型の道徳授業では，以下の3つを用いて，事前・事後指導や授業評価に反映させていく。

①道徳意識アンケートやエゴグラムなどの活用
　道徳意識アンケート，道徳性アセスメントHUMAN，学級満足度テスト（Q-U），エゴグラムなどは，子どもたちの日常生活の経験に根ざした価値観や心理状況を客観的に把握するとともに，道徳授業の効果を心理学的に評価して事後指導や追跡調査をするためにも有効である。

　この調査を本書の道徳性発達段階に照合すると，発達支援や授業評価に役立てることができる。

②面接法
　事前調査の段階で，問題解決型の発問をアンケートで個別に行い，子どもたちの考え方や返答を把握しておく。同様の発問を授業中や事後調査でも行い，考え方の変化を確認すると，子どもの道徳的判断力を評価することができる。学級全員を対象とするのが一般的だが，授業のタイプ別に数名の子どもたちを対象として行ってもよい。

③ポートフォリオの作成

　学期の初めの道徳授業で，子どもたちの人生目標に即したポートフォリオ（自己紹介や特徴を記した業績集）を作成する。子どもたちは「どういう自分になりたいか」「自分がより成長するためには，どのような資質・能力や道徳的価値が必要か」「何が足りないか」を考える。こうした人生の目的意識をもつことで，道徳授業により意欲的に取り組むことができる。

　また，このポートフォリオには道徳に関連するテーマ（例えば，「私の長所と短所」「いま，がんばっていること」「自分の尊敬する人」など）で作文を書かせて，収録しておいてもよい。

　道徳授業で用いたワークシートは，このポートフォリオにすべて収録しておき，学期や学年の最後に自分の道徳的成長を振り返られるようにする。

❻「学習指導過程」をどう構想するか

　問題解決型の道徳授業では，学習指導過程の「導入・展開前段・展開後段・終末」において，子どもたちがどのように考えを変容（深化・拡大）させていったのかを重視する。そこで一般的な流れとしては，導入で日常生活から道徳的なテーマを取り上げて問題意識を高めておき，展開前段で教材を用いて道徳上の問題を考え話し合い，展開後段で問題解決を応用し，終末では学習で学んだことや教訓をまとめる。各過程の内容や時間はおおよその目安であって，授業のねらいや子どもの実態に応じて臨機応変に調整する必要がある。

■事前指導（調査）》》

①子どもたちの実態や価値観を調査する。

　子どもたちの実態を観察したりアンケート調査をしたりして，事前に子どもたちがどのような価値観や行動規範をもっているか把握する。また，授業に関連した発問（勇敢な行為とは何かなど）を面談やアンケートで複数人に行い，子どもの反応や発言を事前に調査しておく。

②事前にできる体験活動や読書などをする。

　所要時間の長い読書，視聴覚教材の鑑賞，学校行事などの体験活動は，別の授業時間（例えば特別活動や総合的な学習の時間）と関連づけて事前に行っておく。それらの感想文を書かせることで，子どもたちの反応や考えを確認しておく。特に，長編の伝記やドキュメンタリー映像などは，事前に内容を指導しておき，道徳授業では教材の内容を確認する程度にして，すぐに話し合いを始められるようにしておく。

■導入 〉〉〉 日常生活から道徳的テーマを考える

　導入では授業の展開部分で取り上げる道徳的テーマを日常生活に関連づけて考えることが多い。時間的には，5分から10分以内に設定する。

　ここでは道徳的テーマのイメージを広げて把握しやすくするために，『私たちの道徳』の関連事項を参照することもできる。この段階では，まだ子どもたちに立派な模範解答を求める必要はなく，ただ思ったことを自由に発言し合えるようにしておく。

　導入のおもな発問は，事前にアンケートで調査しておくか，授業中にワークシートやノートに記入させ，授業で取り上げる道徳的テーマを，最初の段階で子どもたちがどのように捉えていたかを確認しておく。導入のパターンは，以下の4点である。

①個人的な経験から道徳的テーマを考える。

　道徳的テーマを具体的に考えられるように，過去の子どもの体験や実際の事例を取り上げる。例えば，友情を考えるために，「友達がいてよかったと思うことはありますか」などと尋ねる。

②具体的な事例から道徳的テーマを考える。

　展開部で扱う道徳的テーマに類似した問題を事例として提示し，話し合う。例えば，友達の過ちを指摘できるか。

③ねらいとする道徳的価値について考える。

　ねらいとする道徳的テーマを提示して，子どもたちが自分なりに定義づけしてみる。例えば，「思いやりとは何か」などと尋ね，授業を通してその価値を首尾一貫して探究できるようにする。

　自らの体験や見聞した事例から導き出された道徳的価値の一般的な意味(meaning)だけでなく，そのほんとうの意味や意義（significance）を尋ねる。例えば，「ほんとうの友情とは何だろうか」「ルールはなぜ必要なのだろう」などと根源的に尋ね，深く考えるきっかけを与える。

④授業の展開部で取り上げる教材の補足説明をする。

　教材の内容について，むずかしい用語や背景などを事前に説明しておく。例えば，本書で取り上げる教材「二わのことり」なら，登場する「ミソサザイ」「ヤマガラ」「ウグイス」の特徴をそれぞれ説明する。また，本書で取り上げる教材「田中正造」なら，時代背景や公害問題，正造の生い立ちや思想についてふれておく。

■展開前段 〉〉〉 道徳的問題を発見し解決する

　展開前段は，子どもたちに具体的な道徳的問題を提示し，個人またはグループで問題解決に取り組む段階である。ここは問題解決的な学習の中核的な場面だが，展開後段との兼ね合いも考えて，20分から25分くらいに設定する。

①道徳的問題の状況を分析し，解決すべき課題を見つける。

まず読み物教材の全文または問題場面を提示し，道徳的問題を抽出し分析する。ここでのポイントは，以下の3つである。

> a 何が問題なのか。なぜそれが問題なのか。解決すべき課題は何か。
> b 登場人物の考え方は，自他にどのような影響を与えているか。
> c 登場人物の考え方は，適切か。

まず，aを考えることで問題を発見し，解決すべき課題を見いだす力を養うことができる。bを考えることで，登場人物の考えが自他の感情や行動にどのような影響をもたらすかという因果関係を理解する力を養うことができる。aとbを踏まえ，cを考えることで，登場人物の考えをただ共感的に理解するだけでなく，その考えが適切かどうかも総合的に判断できるようになる。

②**解決策を自由に構想する。**

次に，子どもは自ら道徳的問題に直面して，自分なりの解決策をいろいろ考えてみる。例えば，「主人公はどうしたらよいだろう」「自分だったらどうするだろう」「人間としてどうするべきだろう」と問いかける。

ここではブレイン・ストーミングの原則に従って，多面的・多角的に意見を出し合い，できるだけ多様な解決策を考えるようにする。子どもたちの個人的な意見は，自分の経験や価値観が反映しているため，仮に間違っていてもすぐに批判せず，まずは共感的に理解するよう心がける。

③**解決策を吟味する。**

話し合いで出された多くの意見を吟味して適切な解決策を絞っていく。ここでは複数の解決策の長所と短所を比較検討したうえで，1つの解決策に絞り込んでいく。多様な解決策の中でも上述の原則に照らし合わせて，よりよい解決策を追求していく。複数の選択肢の中から最善の解決策を選ぶ方法としては，後述するマトリックスやランキングを活用することもできる。

解決策を吟味するためのポイントは，以下の5点である。

> a その解決策はどのような結果をもたらすか。
> b その解決策はそれによって影響を受ける人を尊重しているか。
> c その解決策はあなたに適用されてもよいか。（可逆性の原理）
> d その解決策をあなたはだれにでも適用するか。（普遍性の原理）
> e その解決策は問題の当事者みんなを，幸せにできるか。（互恵性の原理）

まずaで，解決策を考えた動機だけでなく，解決策によってもたらされる実際の結果も考える。よくない結果がもたらされそうなら，別の解決策も検討する。実際に実行可能かどうかも検討する。

bでは，その解決策がもたらす結果を踏まえ，問題解決に関係する者たちに対する配慮を考える。

cでは，自分の立場だけ考えるのではなく，相手の立場も考える。「自分がそうされてもよいか」を自問してみる。

dでは，解決策がいつ，どこで，だれに対しても適用できるかを考える。忙しいときでも，見知らぬ場所でも，見知らぬ人にでもそうできるかと尋ね，条件を変えてゆさぶりをかける。また，その解決策をみんなが真似したら，どうなるかなどを考える。

eでは，解決策が自他を尊重しているかを検討する。言いかえれば，自他共に幸せになれる Win-Win 型（または Happy-Happy 型）の解決策を考える。長期的視野から，問題の当事者が共に道徳的に幸福になる Win-Win 型の解決策を探究する。だれかを犠牲にしてだれかが幸福になるのではなく，互いに協力しながら，心から納得でき満足できる最良の解決策を創れるようにする。

■展開後段 〉〉〉 問題解決の応用

展開後段は多様な展開が考えられる。おもに用いられるのは，前段で検討した内容をクラス全体で議論するパターンであるが，体験的な学習を取り入れて役割演技するパターン，身近な道徳問題をシミュレーションで考え議論するパターンもある。ここでは 10 分から 15 分くらいが妥当である。

①学級全体で問題解決を話し合うパターン

展開前段で個人やグループで話し合った内容を，展開後段では学級全体で話し合う。この場合，互いの意見を学級で発表し合い，他者の意見を尊重しながら自らの意見を再検討する。公的な道徳問題（例えば，係決め）であれば，それぞれの意見を集約して学級全体の合意を形成する。私的な道徳問題（例えば，自己の生き方や生活様式）であれば，個々人で意見をまとめる。

②役割演技して解決策を再検討するパターン

子どもたちが自ら考えた解決策を役割演技し，解決策の再考を促す。主人公やほかの登場人物の役割を主体的に引き受けることで，自主的に価値判断し，自らの意見やアイデアに責任をもてるようにする。この役割演技にソーシャル・スキル・トレーニング（社会技能訓練），セルフ・アサーション・トレーニング（自己主張訓練）等を関連づけてもよい。例えば，本書の「となりのせきのますだくん」（1年生），「なまけにんじゃ」（2年生），「あれでよかったの？」（4年生），「すれちがい」（5年生），「のりづけされた詩」（6年生）を参照。

③類似した別の問題を提示してシミュレーションするパターン

展開前段で提示した教材と同じテーマで身近な道徳的問題をシミュレーションとして設定し，それを道徳の練習問題または応用問題として子どもたちに解決させる。子

どもたちはすでに道徳的な問題解決のための知恵やスキルや判断基準を学んでいるため，それを応用して解決する。例えば，本書の「二わのことり」（1年生），「また，こんど」（1年生），「だれのをさきにしようかな」（2年生），「名前のない手紙」（3年生），「借りた学級文庫」（5年生）を参照。

④討論（ディベート）をするパターン

展開前段で課題とした公的なテーマについて，異なる立場に分かれて討論する。例えば，本書の「田中正造」（6年生）を参照。

⑤これまでの生活とこれからの生活を考えるパターン

展開前段で提示した教材と同じテーマが，自分たちの生活にもなかったかを振り返る。そのとき，どのように思ったか，どのように振るまったかを話し合う。本書の「モムンとヘーテ」（2年生），「水飲み場」（3年生）を参照。

展開前段の教材と関連づけて，これからの生活や活動を考える場合もある。例えば，本書の「父の言葉」（4年生）を参照。

これまでの生活を振り返り，今後の生活のあり方を考えるパターンもある。例えば，「言葉のおくりもの」（5年生）を参照。

■終末 》》》 道徳授業の内容をまとめ，今後の生活につなぐ

終末では授業全体の内容を振り返り，学習した内容を確認するとともに，今後の実践につなげていく工夫が求められる。ここでは少なくとも5分から10分は確保したいところである。

①授業で話し合った内容をまとめ，感想を述べ合う。

道徳のテーマに関して自分は最初どのような考えをしており，みんなと話し合うなかでどのように考えが変容または発展したか，その過程でどのように感じたか感想を述べる。例えば，友達の過ちは見逃してあげるほうがよいと思っていたが，相手のためにもきちんと伝えてあげることが大切だと思うようになった点を発表するなど。

②導入において提示した根本的な問いかけに結論を出す。

ここでは教師が子どもたちの発言を踏まえてまとめ，授業で子どもたちが道徳的価値についてどのように考えを深めていったかを確認する。例えば，導入で「自由とは好き勝手できること」と思っていたのに対して，終末では自他に責任をもった自由について考えを深めた点を発表する。本書の「うばわれた自由」（6年生）を参照。

③授業で考えたことや見いだした教訓を今後の学校生活に生かすよう促す。

子どもたちが授業で考えた価値観や解決策を実際の日常生活で実践するよう促す。授業後の1週間の道徳的目標を設定する。子ども自身の人生目標とポートフォリオと関連づけるとより効果的である。

■**事後指導** 〉〉〉 道徳的実践を評価する

①授業で構想した解決策や道徳的価値を，適切に実践できたか確認する。

　道徳的価値を実践した直後または1週間後に評価・反省を行う。どのような理由でできたか（成功したか），どのような理由でできなかったか（失敗したか）を検討する。これらは道徳用のワークシートやノートに記入しておく。

②点数で自己評価（スケーリング）する。

　10点満点で考えると，これまでの道徳的実践は何点かを子ども自身に尋ねる。次に，あと1点増やすためにはどうすればよいかを具体的に考える。

③道徳的行為を続けて道徳的習慣を形成できるようにする。

　道徳的価値を実践することで検証された意味や成長の跡を確認したうえで，その道徳的行為を習慣化できるように促す。

④道徳的実践のカンファレンスを開く。

　学期や学年の終わりに，道徳用のポートフォリオやノートを振り返り，お互いの道徳的実践や習慣について発表し合い，相互に評価し合う。

❼「発問」の構成をどのようにするか

　問題解決型の道徳授業は，教師がねらいとする道徳的価値を子どもに一方的に教え込む指導スタイルではなく，子どもたちが自ら道徳的問題に取り組み，多面的・多角的に考え議論するため，発問の果たす役割はきわめて大きい。

　従来の道徳授業では，基本的に「このとき，主人公はどんな気持ちだっただろう」と尋ねて主人公の心情に共感させ，主人公の心情に同一化させ道徳的価値の自覚を促すスタイルをとる。この手法は，登場人物の思考回路で心情を推測することになり，子どもたち自身が主体的に問題に取り組んで解決策を考える余地が少ない。

　それに対して，問題解決型の道徳授業では，中心発問が「主人公はどうすればいいだろう」「自分ならどう考え，どう行動するだろう」「人間としてどうするべきだろうか」と問題解決を促すものであるため，子どもたちは自ら問題状況を分析したうえで，それを主体的に判断して解決策を考えるようになる。

　以下に問題解決型の代表的な発問を取り上げ，その活用例を紹介する。発問の形態は多種多様だが，1回の授業ですべての発問を用いる必要はなく，教材や授業時間に合わせて効果的な発問をいくつか選べばよい。主要な発問は，ワークシートやノートに記入させ，子どもたち一人一人の主張や意見の変容を確認できるようにする。

　なお，問題解決型の発問をしても，初めはなかなか子どもたちから適切な意見を得られない場合もある。そのときは，教師が具体的な回答例や選択肢を提示して，自分

に近い考えを選ぶよう促すとよい。この種の発問を繰り返すうちに，子どもたちも道徳上の問題を解決する勘所を心得て，いずれ多様で有意義な意見が飛び交うようになる。それに合わせて，教師のほうも発問の数を増やしたり質を高めたりすればよいだろう。

■おもに導入の発問 》》》

①道徳的テーマを具体的な経験と結びつける発問

　道徳的テーマを具体的に把握するため，日常生活の経験や事例と結びつけて問いかける。例えば，友情について考えるために，「友達がいてよかったなと思ったのは，どんなときですか」「友達と考えが合わずに困ったことはありますか」などと問う。

②道徳的価値の意味や意義を尋ねる発問

　日常生活で用いている道徳的価値の一般的な意味について尋ねる。例えば，「友情とは何だろう」と問う。個人的な定義を尋ねるために，「あなたにとって思いやりとは何か」と尋ねてもよい。

　上述した「道徳的価値の一般的な意味」を踏まえて，道徳的価値のほんとうの意味や意義を尋ねることもある。例えば，「ほんとうの友情とは何だろう」「なぜ思いやりは大切だと思いますか」と問う。これは授業でねらいとする道徳的価値について，子どもが導入部分でどのように考えていたかを確認するための発問にもなる。

③展開部で扱う教材について補足説明する発問

　展開部で取り上げる教材の内容を事前に問うことができる。例えば，「図書館は何のためにあるのでしょう」「アメリカの100ドル札に描かれている人物はだれでしょう」などと尋ねて教材に対する興味や関心を高める。

■おもに展開の発問 》》》

【問題を明らかにする発問】

①問題を明確にする発問

　教材で，何が道徳的問題になっているかを尋ねる。例えば，「ここでは何が問題になっていますか」「ここで困ったことは何ですか」「主人公は何で迷っていますか」などと問う。

②問題の前提となる価値観を明らかにする発問

　無意識に問題意識の前提としている価値観を尋ねる。例えば，「なぜいじめは問題なのか」と尋ねると，「自分がやられたら嫌だから」「他人を苦しめるべきではないから」「他者の人権を侵害してはいけないから」という価値観が明らかになる。

③問題の対立関係を分析する発問

　道徳上の問題に関して対立する考え方（価値観）を見いだし，どのような葛藤状況

に陥っているかを確認する。だれが満足して（Win状態），だれが不満（Lose状態）かを確認する。例えば，「どの考えとどの考えが対立しているか」「主人公は何と何で迷っているのですか」と問う。

【解決策を構想するよう促す発問】

①問題の解決を考えるように促す発問

　主体的に価値判断し，問題解決するよう促す。例えば，登場人物の立場になって「この場面で主人公はどうしたらよいか」「どうすべきか」「どうすることができるか」を尋ねる。また，自分自身の問題として捉え，「これから自分ならどうしたらよいか」「どうすべきか」「どうできるか」と判断を問うこともできる。

②将来の問題解決に目を向けさせる発問

　過去に起きた問題の責任者を探して追及するのではなく，将来の問題解決のために何をどうすればよいかを考えるようにする。例えば，「友達が掃除しなかった」と責めるのではなく，「その子が掃除できるようにするためには，どうすればいいだろう」と問う。できるだけ建設的な解決策を考えられるようにする。

③複数の解決策を考えるよう促す発問

　客観的事実や因果関係を考え，当事者の心情を考え，さまざまな可能性を考えることで，複数の実現可能な解決策を考えるよう促す。例えば，「別のやり方はできないだろうか」「ほかに考え（解決策）はありませんか」と問う。

④互いに納得できる解決策を考えるよう促す発問

　人間関係上の問題であれば，関係者がみんな納得できるような解決策を考えることが大事である。当事者の利害関係を調整したり補完条件を創り出したりして，互いに納得できる代替案を考える。例えば，「互いに納得できるようにするには，どうすればよいだろうか」「みんなが幸せになるためにはどうすればいいだろう」と問う。

⑤子ども自身の願望を尋ねる発問

　教材の主人公の考えや一般常識だけでなく，子ども自身はどうしたいのかを尋ねる。例えば，「あなたは，ほんとうはどうしたいですか」と問う。困難な問題の場合は，「もし奇跡が起きたら，どうなってほしいだろう」「英雄（ヒーロー）なら（例えばキング牧師なら），どうするだろうか」と尋ねることもできる。

⑥子どもたちの経験から成功法則を導き出すよう促す発問

　子どもたちの過去の体験や見聞をリソース（資源）として，成功の法則を導き出すよう尋ねる。例えば，「過去にあなたがうまくいったときは，どのようにしましたか」と問う。

【解決策を吟味するよう促す発問】

　道徳的問題に対して子どもたちが多面的・多角的に考えた場合，多様な解決策が提示される。個人的な問題であれば，それらの解決策をそのまま認めることもあるが，

公共的な問題であれば，よりよい解決策を吟味することが大事になる。
①解決策の理由を尋ねる発問
　解決策の理由を正当化し，人にも勧められるかを尋ねる。例えば，「どうしてそう考えましたか」「それをほかの人にも勧められますか」と問う。
②解決策の結果を尋ねる発問
　解決策を実行した場合の論理的な帰結や感情的な帰結を想像させる。例えば，「相手のために親切にしたら，どうなるだろうか」「そうすることで，自分はどんな気持ちになるか」と問う。
③前提条件を変える発問
　ＴＰＯ（時間・場所・状況）を変えて同じ問題を尋ねる。例えば，「大事な用事があるときでも，そうしますか」「相手が見知らぬ人でもそうしますか」と問う。
④解決策の可逆性を尋ねる発問
　解決策が自分に適用されてもよいかを尋ねる。例えば，「あなたがそうされてもよいですか」「逆の立場でもそれでよいですか」と問う。
⑤解決策の普遍性を尋ねる発問
　解決策が普遍的にだれにでも適用できるかを尋ねる。例えば，「だれにでもそうしますか」「みんながそうしたらどうなるでしょうか」と問う。
⑥より高いレベルの道徳的価値観に気づかせる発問
　子どもの回答より１つ上のレベルの道徳的価値観に気づかせる。例えば，自分の正義感だけで発言する子どもに，「相手の立場も思いやるとどうか」と尋ねる。仲間グループのことしか考えない子どもに，「学級全体のことを考えるとどうか」「地域社会のことを考えるとどうか」と問う。
⑦どれが最もよいかを尋ねる発問
　複数の選択肢を比較して，どれが最善（ベスト）の解決策かを尋ねる。例えば，「このなかでどれが一番いいかな」と問う。最善が決めかねる場合は，次善（ベター）の解決策を尋ねる。例えば，「比較してよりよいのはどれだろう」と問う。
⑧汎用を促す発問
　展開前段で習得した問題解決の知恵やスキルを，展開後段の別の事例にも汎用できないかを尋ねる。例えば，別の応用問題を提示して「先ほどの問題解決をここにも使えないだろうか」「先ほどの話の教訓をここでも生かせないだろうか」と問う。

■おもに終末の発問 >>>
①まとめを促す発問
　授業全体を振り返り，自分の考えをまとめるように促す。お互いの感想を述べ合い共有し合う。例えば，「今日の授業でどのようなことを考えましたか」「今日の話し合

いでどのようなことを学びましたか」「どんな教訓を得ましたか」と問う。
②再び道徳的価値の意味や意義について尋ねる発問
　導入で尋ねた道徳的価値の意味や意義を再び尋ね，どれだけ道徳的価値について考えを深めたか，広げたかを確認する。例えば，「この授業を通して，ほんとうの友情とは何だと思いましたか」「なぜ勇気が必要だと思いましたか」と問う。
③今後の目標や課題を尋ねる発問
　授業で考えを深めた道徳的テーマについて，今後の日常生活で具体的にどのように生かしていけるかを尋ねる。例えば，「今日の学びを今後の生活でどう生かしていけるだろうか」と問う。

■おもに事後指導の発問 >>>
①目標の達成度を尋ねる発問
　授業中に計画した道徳目標を，授業後にどれだけ達成できたかについて尋ねる。例えば，「この1週間で目標をどれほど達成できましたか」と問う。
②自分の努力について自己評価（スケーリング）を促す発問
　道徳的テーマについて，子どものがんばりや努力した様子を自己評価するよう促す。例えば，「全然できなかった状態を0点，とてもよくできた状態を10点とすると，何点くらいだったか」と問う。また，改善の余地や新たな目標を尋ねる。例えば，6点だった子どもに「もう1点プラスするためにはどうすればよいだろうか」と問う。
③道徳的実践をしてみた感想を尋ねる発問
　実際に道徳的な行為・実践をしてみて，どのような気持ちになったか，周りの人からどのような反応を得たか尋ねてみる。例えば，「実際にやってみてどう思いましたか」「周囲の人たちからどう言われましたか」を問う。
④今後の課題や目標を尋ねる発問
　今回の学びと経験を振り返って，今後の課題や目標を尋ねる。例えば，「これからどのようにしていきたいですか」と問う。

❽ 道徳用ノート・ワークシートをどのように作り，どう活用するか

（1）ノート・ワークシートの作り方

　問題解決型の発問をすると，子どもたちは自ら考え主体的に判断するため，実に多種多様な意見を表明する。ただし，こうした子どもたちの意見を口頭発表だけですませると，一部の子どもたちの建前的な発言が多く出て，その他大勢の子どもたちの独創的な意見や本音は確認できないまま埋もれてしまう。そこで，できるだけ道徳用の

ノートやワークシートを用意して，それに子どもたちの意見を自由に記入させ，記録に残したほうがいい。授業中の机間指導のときに子どもたちの考えを確認しておき，授業中に指名して発表させたり，授業後の評価に結びつけたりするとよい。

　基本的には，道徳的問題を多面的・多角的に考えるための手段としてノートを自由に使う。思考のイメージ・マップを描くように板書し，それに準じた形で道徳ノートに記入するとよい。上述したように，問題点は何か，どのような解決策が考えられるかを比較検討できるようにすることが望ましい。

　ワークシートの場合は，Ａ４用紙１枚で授業中の子どもたちの思考過程を全般的に捉えられるように作る。子どもたちが問題解決しやすいようにチャートにしたほうがよい。理想としては，子どもが授業の導入から展開や終末へいたる過程でどのように考えを変容させたかを確認できるようにすることである。

　また，小学校低学年で，まだ文章を書くのがむずかしいようであれば，絵やシンボルマークで表現してもよい。問題解決型の道徳授業に慣れないうちは，回答の欄を選択式にしておき，子どもたちに自由に選ばせてもよい。ただし，子どもたちの個性豊かな意見を生かすために，必ず「その他」を設定し空欄にしておく。

　こうしたワークシートを作るうえで参考になるのが，『私たちの道徳』である。『私たちの道徳』の発問の多くは，もともと問題解決型になっていることが多いため，子どもが道徳的問題を考えるために書き込む教材として参考にすべきである。

　このワークシートは，子ども一人一人の意見を記録することにもなるため，子どもの道徳性の確認や意見の変化を理解し評価することもでき，その道徳授業を評価し改善することにも役立てることができる。できれば毎回，教師が子どもたち一人一人の考えについて，認め励まし勇気づけるようなコメントをしてフィードバックしたいところである。

(2)　マトリックスの活用

　黒板やワークシートで問題解決をする際に，情報マトリックスを活用すると，複数の解決策の良し悪しを場合分けできて比較考察しやすくなる。一般には，縦の段に解決策の案件を入れ，横の段に長所と短所を入れる。また，解決策の理由とその結果を考察して比較検討することもできる。さらに，解決策を実施した場合に関係者の利害関係や心情を考えることもできる。このマトリックスの右端にランキング（順位づけ）を設定すると，比較がより明確になる。

① 解決策A，B，C案の長所と短所を比較考察して順位づけする。(例えば，本書で取り上げる「名前のない手紙」を参照)

	長　所	短　所	（評価）順位
A案			
B案			
C案			

② 解決策A，B，C案に対してその理由と結果を書き込む。理由だけでなくその結果も判断して価値判断できるようになる。(例えば，本書で取り上げる「だれのをさきにしようかな」を参照)

	その理由は何ですか	その結果どうなりますか
A案		
B案		
C案		

③ 解決策A，B，Cに対して自分の立場と他者の立場を比較考察する。授業の初めと終わりで考え方の変化を確認するために，ランキングの欄を2つ設置してもよい。(例えば，本書で取り上げる「二わのことり」を参照)

	自分の立場	Aの立場	Bの立場
A案			
B案			
C案			

❾ 役割演技はどう取り入れるか

　問題解決型の道徳授業では，子どもたちが登場人物の役割を自ら引き受け，主体的に判断して，即興的に演技することを重視する。教材にある台詞を話すのではなく，自らの意見やアイデアを自由に表現するようにする。

　一般的には，初めは教師が実際に役割演技をしてみせる。それを見て，子どもたちは教師の演技を模倣してもよいし，自分なりに自由に演技をしてもよい。問題解決型の役割演技のやり方は，以下の5つである。

①読み物教材の問題を主人公の立場で解決する。

　教材の問題場面を取り上げ，子どもたちが主人公の立場から自由に役割演技しながら解決する。

②対立する2つの役割を交換する。

　対立する2つの立場を交互に役割演技してみて，自他の立場を理解しながら多面的に解決策を考える。

③さまざまな役割を演技する。

　主人公だけでなく相手役や脇役，敵役など複数の登場人物の役割を演技して複数の立場の心情や思考を理解する。例えば，教材「はしの上のおおかみ」であれば，オオカミの役（中間の立場），ウサギたちの役（弱者の立場），クマの役（強者の立場）を交互に演じる。

④英雄や偉人の役を演技する。

　ある問題状況において，自分の尊敬する英雄や偉人であればどのように解決するかを考えて演技する。

⑤スキル学習と関連づける。

　教材の道徳的問題について，役割演技をしながらスキル学習を行うこともできる。例えば，ソーシャル・スキル・トレーニングやセルフ・アサーション・トレーニングなどを活用して道徳的スキルを獲得することができる。

❿ 新たな場面はどう提示するか

　問題解決型の道徳授業では，読み物教材で学んだこと（教訓）を別の新たな問題場面で応用してみることがある。学習指導の展開前段で基礎問題を解いたうえで，展開後段では応用問題あるいは発展問題を解くという構成である。そうすることで，子どもたちは道徳的な知識や技能を理解するだけでなく，それらをさまざまな場面に活用・

汎用していく能力も身につけていくのである。

　展開前段の問題解決では，教師がさまざまな助言や示唆を与えるが，展開後段の問題解決では，できるだけ子どもたちが主体的に問題から課題を見いだし，具体的な解決策を考えるようにする。

　例えば，展開前段では自己中心的な言動で対人関係が悪化したが，最後に自らの言動を反省して仲直りした事例を取り上げる。展開後段では，子どもたちにより身近な話題で類似の事例を取り上げて，子どもたちが主体的に問題解決に取り組むようにする。

　ここで取り上げる新たな問題場面はわかりやすいように簡潔に示し，さまざまな解決をシミュレーションできるようにするとよい。

⓫ 討論（ディベート）はどう取り入れるか

　高学年における問題解決型の道徳授業では，単に話し合う（ディスカッション）だけでなく，ある公的な問題について異なる立場に分かれて討論（ディベート）することも有意義である。

　特に，今日的課題（脳死問題を考える生命倫理や，持続可能社会の可能性を問う環境倫理など）において答えが１つではない場合，答えが判然としない場合などは，子どもたちなりに情報を集め，整理し，発表し合うことも推奨される。

　正式な討論をする場合は，２時間扱いとして後半の授業に行ったほうがよいが，短い討論の場合は，展開後段に組み込んで道徳的テーマを掘り下げるようにする。この点では，本書の「田中正造」を参照のこと。

　討論をする場合，説得力を競い合う形で勝ち負けにこだわることも多いが，道徳授業の場合は勝敗ではなく，できるだけお互いが納得できる考え（納得解）を見いだせるように努める。

⓬ 指導方針はどうあるべきか

　道徳授業は，教師が子どもたちに道徳的価値を一方的に教え込むべきではないが，子どもたちの主体的な学びにすべて任せてしまうのもよくない。子どもが道徳的問題を適切に考え判断するためには，教師が問題解決の支援や助言をし，信頼関係を築き，道徳的環境を整備することも大切である。そこで基本的な指導方針を以下に４つ述べておきたい。

(1) 問題解決の支援・助言をする

　問題解決型の道徳授業では，教師は単なる授業の進行役やファシリテイター（促進者）ではなく，問題解決的な学習の指導者でもある。特に小学校の場合，教師の役割があいまいであったり，子どもたちの議論を自由放任したりしてしまうと，適切に問題解決にいたれず，逆に道徳的な混乱に陥ることもある。特に公共的な問題に関しては，モラルジレンマ授業のようにオープンエンドにして，いいかげんにすますべきではない。

　そこで，子どもたちが試行錯誤して，偶然問題解決に成功することを期待するだけでなく，教師が問題解決をする方法や見方を準備しておき，必要に応じて問題解決の支援・助言をできるようにしておいたほうがよい。子どもたちは教師から示された良識ある見方，考え方，やり方を参考にすることで，徐々に適切な価値判断や問題解決ができるようになる。

　道徳的問題を解決するためには，ある程度まで道徳の判断基準や原理原則を習得する必要がある。また，現実原則として社会には法律やルールがあり，社会通念や文化があることも理解しておく必要がある。

(2) 信頼関係を構築する

　問題解決型の道徳授業では，教師は普段から子どもたちと信頼関係を築いておく必要がある。そのためには，教師は日ごろから広く開かれた寛容な心をもち，子どもたち一人一人の意見を共感的に理解し，子どもたちの個性や特性に合わせて公平に接するようにする。

　道徳授業では，子どもが思考を深めたり広げたりする過程に合わせて発問し，子どもの考えに対して「なるほどね」「そうなんだ」などと受容する態度をもつ。また，子どもが問題解決に取り組むことを支援し，問題解決の意欲を引き出す言葉をかける。問題解決をした結果だけでなく，問題解決する過程に注目して，子どもががんばる様子を認め励ます声かけをする。例えば，「よいところに目をつけたね」「面白い発想だね」と温かい言葉をかける。

　子ども同士の信頼関係を構築するためには，4人1組で学習グループをつくって協働探究することが推奨される。ただ互いの考えを発表するだけでなく，意見を交流して総合的な考えや多角的な考えから問題解決できるようにする。

　全体発表の場でも，教師が子どもたちの意見をまとめるだけでなく，子ども同士の意見をつなげたり，子ども同士に支援し合わせたりする。例えば，「○○さんの意見をどう思いますか」「△△さんの考えをもっと説明できる人はいますか」と尋ねる。

(3) カウンセリング・マインドで対応する

　問題解決型の道徳授業では，子どもが本心で多様な意見を活発に出してくれるほど，豊かでダイナミックな優れた授業になる。こうした子どもたちの多様な考えや本心を引き出すためには，まず教師自身が心を開き，自分の思いや本心を誠実に語ることも大切である。教師の率直で誠意のある言葉にふれて，子ども自身も本心で問題に向き合い，自己を語るようになる。

　また，子どもが貴重な本心を語ってくれたら，その誠意ある言動に感謝する態度をもつようにする。子ども同士が上手に本音で語り合えるようにするためには，定期的に構成的グループエンカウンターを実践しておくのもよいだろう。

　ただし，問題解決型の道徳授業では子どもたちが想定以上に率直な物言いで本心を語ることがあるため，ときにクラスメイトを誹謗中傷したり，残酷で非道徳的な意見を口にしたりすることがある。その際，教師は混乱して自分の偏屈な判断を押しつけたり，感情的に叱ったりせずに，まずはカウンセリング・マインドをもって子どもたちの意見を受けとめ，共感的に理解すべきである（必ずしも同意する必要はない）。子どもたちを心理的に落ち着かせてから，客観的事実を確かめながら論理的に話し合い，良識ある吟味へと徐々に導くようにする。

　このように教師がカウンセリング・マインドをもって常に温かく受容し，自分たちの成長・発達のために支援してくれるとわかると，子どもたちも教師を深く信頼して心を通わせ，適切な問題解決をしようと心がけるようになる。そして，教師の支援や助言を素直に受け入れるようになると，子どもたちの多様な意見や本音が渦巻くなかでも，授業が適切に進行するようになる。

(4) 安心・安全な道徳的環境を整備する

　教師は子どもたちの内面にある思考・感情・行動を指導するだけでなく，子どもたちを取り巻く外的な生活環境を改善することも大切である。いくら道徳授業で子どもたちの思考・感情・行動が一時的に改善されたとしても，外的環境が変わらなければすぐ元の状態に戻ってしまうからである。

　道徳的問題は，子どもの心を一時的に改善すればすむものではなく，子どもを取り巻く人的環境（友人，家族，教師）や物的・社会的環境（学級，学校，家庭，地域社会）を整備して，適切な道徳習慣を形成することで解決にいたるのである。そのためには，次のポイントに配慮する必要がある。

　まず，子どもたちが自他を理解し合い，尊重し合い，素直に語り合える環境に学級を整備することである。子ども一人一人が自分の意見を自由に表明したり，役割を果たしたりできるようにする。その際，他人の意見や演技をすぐ非難したり冷やかしたりしないように指導しておく。もし授業中の議論で自他の心を傷つける言動があれば，

適宜危機介入する必要がある。

　次に，道徳教育の指導方針を学校，家庭，地域社会において一貫させることである。学年の初めに道徳教育の指導方針を明確に示し，ルールや規則を理解させる。また，道徳授業で学んだ道徳的価値を一定期間（例えば1週間）にわたり各教科，特別活動，学級会，朝夕の会，ほかの教育活動で生かし，道徳的習慣を形成する。さらに，学校新聞，学級通信，連絡帳，学習ノートなどを用いて家庭や地域社会と連携して，保護者や地域の人々とも連絡を取り合い，総合的な道徳的環境を整えるようにする。

⓭ 問題解決のための支援はどのようにするか

　問題解決型の道徳授業では，子どもたちが主体的に問題を見つけ，課題を設定し，いかに解決すべきか考えるよう推奨するが，もし子どもたちが問題を適切に解決できない場合には，教師が適宜サポートをする必要がある。❼の「『発問』の構成をどのようにするか」と関連づけて，以下のような支援をするとよい。

（1）支援のポイント

①問題を冷静かつ客観的に捉えるよう促す。

　まず，問題を事実に基づいて客観的に理解するよう促す。その際，問題を小さく分割して，解決すべき課題を見いだし，単純なものから複雑なものへと考えを発展させる。ここでは「事実は何か」「ここまでの問題は何か」と尋ねる。

②誤解や矛盾に気づかせる。

　子どもたちの意見に誤解や矛盾，独善，偏見，先入観，迷信，過度の一般化がある場合は，子ども自身がそれらに気づくように導く。例えば，「考えが偏っていないか」「それは事実か願望か」「前後でつじつまが合うか」「例外はないか」「その考え方はこの問題にもあてはまるか」などと尋ねる。

③子どもの心を傷つけないよう配慮する。

　子どもたちが本音で議論する際に，非難中傷や人格攻撃をすることで子どもの心を傷つけることがないよう配慮する。例えば，「だれが悪いか」を問うのではなく，「何が問題か」「どうすれば解決するか」を問うのである。誤った意見や不道徳的な意見には，叱ったり反省や懺悔を求めたりするのではなく，別の見方や考え方もあることに気づかせる。例えば，「そんなことを言う人は最低だ」と断罪するのではなく，「あなたならほかの見方もできるはずだ」と提案する。

④プラス思考をするよう促す。

　過去の問題のマイナス要因にばかり目を向けると，悲観的で否定的（ネガティブ）

な見方になるため，問題解決がむずかしくなる。できるだけ多面的・多角的に考えて，問題の見方・考え方を変え（リフレーミング），問題状況のプラス要因を積極的に取り上げ，肯定的（ポジティブ）に解決策を構想する。

　例えば，「あきらめが悪い」という否定的発想を「チャレンジ精神に富む」という肯定的発想に変える。また，「あら探しではなく，よいところ探し（いいところ見つけ）をしよう」と呼びかける。

⑤**力関係や性差に配慮する。**

　子どもたちの力関係や性差が価値判断に影響していることがある。例えば，強い子と弱い子では授業中の発言力や現実生活での行動力が異なる。また，正義を優先する傾向のある男児と思いやりを優先する傾向のある女児でも見解が異なる。この場合，お互い立場や状況を理解し合い，尊重し合うよう促す必要がある。

⑥**イメージ・マップで考える。**

　問題点とその解決策を図示すると，全体像が明らかになり，多面的・多角的に考えられるようになる。例えば，グループごとにA3用紙を配布し，その真ん中に問題を書き込み，各メンバーが解決策を付箋に書いて貼り出し，それをKJ法のように分類して系統図を作る。また，黒板に名前の付いたプレートを貼り，意見を書き込んでもよい。板書とワークシートを対応させ，イメージ・マップにして多様なアイデアを書き込めるようにしてもよい。

⑦**問題解決のスキルを提示する。**

　問題解決に役立つカウンセリングやコーチングのスキル，論理的思考方法，哲学的方法，発想法，プロジェクト法などを取り入れる。また，対人関係の解決法としてソーシャル・スキル・トレーニングやセルフ・アサーションのトレーニング法を教えることができる。さらに，リラックスする方法として呼吸法，自律訓練法，ストレス・マネジメント，アンガー・マネジメント等を教えることもできるだろう。

⑧**格言，名言，道徳性発達段階説を提示する。**

　道徳上の問題解決に役立つ格言や名言を提示する。広く哲学，文学，心理学，宗教，経済などから引用して判断材料として提供する。例えば，「ガンジーはどんなときでも非暴力であるべきだと主張しているよ」「孔子は『己の欲せざるところ人に施すことなかれ』と述べている」などと示す。

　また，コールバーグ（Lawrence Kohlberg），ギリガン（Carol Gilligan），セルマン（R. L. Selman）などの道徳性発達段階を教えて，「自分はいま，どの段階で判断しているか」と聞く。詳細は，❶の「道徳性をどのように評価するか」の（2）を参照のこと。

⑨**個別に発問や助言をする。**

　子どもたちの考えや解決策は多様であるため，3〜4に分類して個々の解決策に応

じた発問や助言をする。例えば，自己中心的な見解をもつ子どもには「相手の立場ならどう思うか」と問い，他者中心的な見解をもつ子どもには「もっと勇気をもって自己主張してみよう」と助言する。

(2) Win-Win型の解決策を考える

　実際の道徳的問題では，当事者の一方が得をすれば，もう一方は損をするゼロサム関係になっていることが多い。こうした道徳的問題を解決するためには，単なる力関係や地位に基づいて勝ち負けで決めるのではなく，互いに尊重し合い協力し合って，道徳的に最善の代替案（Win-Win型またはHappy-Happy型）を創り出すことが大切である。解決策に関する自他の関係は，以下の4通りである。

> ① Win-Win型は，問題にかかわる当事者全員を満足させるやり方である。互いに協力し合い，心から納得し合意できる解決策を創造する。必要に応じて補完（交換）条件を設定して再調整してもよい。
> ② Win-Lose型は，だれかを犠牲にして，自分だけ幸福になるやり方である。協調性や思いやりに欠け，加害意識を残すこともある。
> ③ Lose-Win型は，自分が犠牲になって，相手を幸福にするやり方である。この型は一見よい子だが，気弱で妥協しやすく他人に利用されやすい。本音を押し隠すため無気力や過剰反応になりやすい。
> ④ Lose-Lose型は，無謀かつ頑迷で，後先考えずに行動するやり方である。怨恨感情で攻撃し合うため，共に身を滅ぼし不幸になる。

　問題解決の基本は，問題状況において対立する考えや価値観を理解し，長期的視野から当事者が相互に心から納得し満足できる道徳的な解決策を創造することである。さまざまな型の解決策を出して，それぞれの良し悪しを比較し，必要なら補完条件を出して代替案を創造し，Win-Win型に近づけるように改良や調整をする。どうしてもWin-Win型で解決できない場合は，問題解決をしない（No Deal）という選択肢も認める。

　エゴグラムでいうと，Win-Win型はNPが最も高く，CPやAも高めである。Win-Lose型はCPやAが高くNPが低い。Lose-Win型はNPとACが高くCPが低い。Lose-Lose型はFCやCPが高くAが低い。

　道徳意識アンケートでいうと，Win-Win型は自己肯定と他者受容が高い。Win-Lose型は自己肯定と加害意識が高い。Lose-Win型は他者受容と被害意識が高い。Lose-Lose型は被害意識と加害意識が高い。

⑭ 道徳性をどのように評価するか

　新しい学習指導要領でも，子どもの道徳性を数値などで不用意に評価するべきではないと明記してある。たしかに子どもの道徳性は客観的な評価基準を設定しにくいため，道徳授業の効果を検証して改善に役立てたり，子どもの道徳性の発達を適切に支援したりすることがむずかしかった。

　そこで，問題解決型の道徳授業では，教師が子どもたちの問題解決や実践を指導するプロセスと，子どもたちが自ら道徳的問題を発見し解決策を構想し実践するプロセスをできるだけ評価するようにしている。このように授業のプロセスを評価することで，教師は子どもたちの道徳性の成長を適切に促すことができ，また自らの道徳授業を客観的に検証し，今後の道徳授業の改善に資することもできる。また，こうした道徳授業の評価は，1単位時間内の評価と長期的な評価に分けて考える必要がある。

(1) 評価の対象　※授業のプロセスと事前・事後の調査から以下の点を評価する。

①診断的評価

a　アンケートを用いた評価

　道徳上の問題について授業の前にアンケートをとり，子どもの心理状態を把握する。道徳授業を行う事前と事後の調査で効果を確認できる。

b　心理テストを用いた評価

　エゴグラムや道徳性アセスメントHUMAN，Q-Uなどを使って子どもの心理状態を把握する。学期や学年の前と後に用いて子どもの変化を確認する。

②形成的評価（特にパフォーマンス評価）

a　子どもが課題を設定し解決策を構想するプロセスを評価する。

　適切に道徳的な問題状況を把握し，適切に解決策を構想し，その動機や結果をよく吟味できたかどうか評価する。思考・判断・表現の観点からパフォーマンス評価する。

b　子どもの思考がどう変化したかを評価する。

　子どもの言動が授業の始めと終わりでどのように変化したかに注目する。例えば，導入で「自由とは何か」「人間関係で困ったとき，どうするか」と尋ね，終末でも同じ発問をして，認識の深まりを確認する。

c　学んだ解決方法を別の問題に転移できたかを評価する。

　展開前段で学んだ道徳問題の知恵や解決方法を，展開後段のシミュレーションや日常の道徳的問題に適用し解決できたかを評価する。

③総括的評価（特にポートフォリオ評価）

a　道徳授業で作成したワークシートやノートで成果を評価する。

授業で作成したワークシートを綴じたファイルや道徳ノートを定期的に振り返り，自分の成長・発達を評価する。
b　一定期間，解決策や目標を実行した成果を評価する。
　解決策や目標を実行した過程や成果を評価する。例えば，「明るい学級をつくるために毎朝，友達にあいさつする」という目標を立て，その成果を１週間後に評価する。
c　追跡調査して評価する。
　１年後や数年後に道徳授業についてアンケート調査や聞き取り調査を再び行う。また，高校生や大学生に「小・中学校の道徳授業は人生にどのような影響を与えたか，役に立ったか」を聞いて評価する。
　こうした評価の結果をもとに，子どもの道徳性の発達状況や授業の目標の達成度を確認し，道徳授業の有効性を評価する。

(2)　道徳性発達段階に基づく評価

　子どもたちの判断基準を道徳性発達段階論と関連づけて評価する。
　例えば，コールバーグ（Lawrence Kohlberg）は，①懲罰の恐れ，②報酬の追求，③社会への準拠，④法律と法規システムの重視，⑤社会的義務，⑥普遍的な倫理原則で発達段階を分けている。
　また，ギリガン（Carol Gilligan）は，①トラブルの回避，②利己的な報酬の追求，③善良な少年少女として振るまう，④権威への義務，⑤同意を得るための規則，⑥良心の尊重，で発達段階を分けている。
　セルマン（Robert L. Selman）は，①自己中心の思考，②他者思考，③自他相互思考，④三者的思考，⑤社会的思考に分けている。
　こうした発達段階を踏まえ，子どもの道徳性の現状を理解する。

(3)　スケーリング

　道徳の解決策や実践について自己評価する場合は，イメージをより具体化するために，スケーリング（点数化）を用いる。まず現状を10点満点で自己評価する（ただし，小学校低学年の場合は，◎○△×で記してもよいだろう）。

> ・心から完全に満足のいく理想的な状態……10点
> ・評価はできるが，まだ改善の余地のある状態……6〜9点
> ・今後，いっそうの努力を要する状態……1〜5点

　次に，現状が10点でない場合は，何が加わったら10点になるかを尋ねる。このように現状に１点プラスした状況を具体的に想像して，それを到達可能な努力目標として実践を促すのである。いきなり10点満点を目指すのではなく，少しずつレベルを

上げて，スモールステップで成功体験を積み重ね，徐々に最終的な道徳目標に近づけていくところがポイントである。

❶ 問題解決型の道徳授業例「はしの上のおおかみ」

　以上の方法論を用いて，実際に問題解決型の道徳授業を構想するトレーニングをしてみたい。ここでは小学1年生用の有名な読み物教材「はしの上のおおかみ」(『わたしたちの道徳　小学校1・2年』文部科学省) を取り上げる。

　一般的な指導案として，⑴児童の実態，⑵主題の設定，⑶ねらいの設定，⑷教材の概要，⑸教材の分析，⑹指導の実際，⑺評価の実際の順に説明する。ここでは上述した「問題解決型の道徳授業のつくり方」の❶〜⓮を参照しながら，指導案の構想の仕方や授業展開の流れを大まかに理解していただきたい。

⑴　児童の実態

　児童の実態では，クラスの現状や発達状況を観察して記す。この教材でいえば，以下のとおりである。

　1年生はまだ自己中心的に行動する傾向が強く，自分の要求を一方的に押しつけ，相手との力関係や地位で物事を判断し問題を解決している状態にある。友達や弱い者を思いやり親切にするよう指導してもなかなか定着しない。子どもたちがほかの友達に意地悪をする理由としては，他人を思いやる気持ちが足りないこと，意地悪することで優越感を感じていること，自他の幸福が対立すると思い込んでいること等がある。

　エゴグラムの調査では，全体的にFCの高さやAの低さが目立つ。道徳意識アンケートでは，受容意識が低く加害意識が高い子どもが男女とも数名いる。発達段階でいうと自己中心的な傾向が強く，他者への思いやりに欠ける子どもたちも少なくない。

⑵　主題の設定

　主題の設定では，①ねらいとする道徳的価値，②発達段階との対応，③教材との関係を示したい。この教材でいえば，以下のとおりである。

　①道徳的価値としては，集団生活において自分より弱い者にも思いやりの心をもって親切にすることの大切さに焦点を当てたい。意地悪なことをした結果と親切なことをした結果で，自他の心情がどのように異なるかを把握し，お互いに幸福になれる解決策を考えられるようにしたい。

　②発達段階との対応でいうと，自分の目先の欲求しか考えないところから，仲間の欲求や権利も考えられるところへ移行し，さらに自他の欲求と権利を両立させる方法

を考えることになる。

③教材との関連では，オオカミの気持ちだけでなく，ウサギたちやクマの気持ちも理解し，クマの解決策を参考にしながら，自他共に幸せになれる方法を考えられるようにすることである。

ここに関連する内容項目も示しておくと便利である。この教材であれば，B-6（親切，思いやり）を中心価値としながら，A-1（善悪の判断），B-9（友情，信頼），C-11（公正，公平）などと関連づけることができる。

(3) ねらいの設定

ねらいは基本的に，①学習指導要領に即した大きなねらい，②教材に即したねらい，③個々の子どもに即したねらいの3つを設定しておきたい。③はカットしてもよい。

この教材でいえば，①学習指導要領に即した大きなねらいは，身近にいる幼い人や友達と温かい心で接し，親切にする態度を養うことである。B-6 に対応している。

②教材に即したねらいは，一本橋におけるオオカミ，ウサギたち，クマの立場でどのように渡るかについて問題を考えることで，自他の幸福を考え，身近な弱者に親切にしようとする判断力を養うことである。

③個々の子どもに即したねらいは，自己中心的で他者を攻撃しがちな子どもが，親切のよさを理解して他者にも配慮した行動ができるようにすることである。

(4) 教材の概要

> 一本橋でウサギが真ん中まで渡ったとき，反対側からオオカミがやって来て，「こら，こら，戻れ，戻れ」と言って追い返した。オオカミはこれが面白くなって，キツネやタヌキが一本橋の真ん中まで来たときも，「戻れ，戻れ」と言って追い返した。
>
> ある日の夕方，オオカミが橋の上で出会った相手に「こら，こら…」と言おうとしたら，相手は大きなクマであった。オオカミは「自分が戻ります」と言ったら，クマは手を振って，オオカミを抱き上げて後ろにそっと下してくれた。
>
> オオカミはクマの優しさに感動して，その後はみんなを優しく渡してあげるようになった。

(5) 教材の分析

この教材を問題解決型の見地から分析してみよう。

この教材の道徳的問題は，一人しか通れない一本橋で自他の欲求や権利をどう調整するかである。ここで登場人物の性格特性を分析すると，初めのオオカミは，自分が先に渡りたいという自己中心性があり，ウサギたち（弱者）との問題を力関係で強引

に解決する傲慢さや冷酷さがある。それに対して，クマには自他の幸福を考える思慮深さや思いやりがある。ここにねらいとする道徳的価値として，親切・思いやり B-6 や公正・公平 C-11 を見て取ることができる。

　この問題を解決するための方策には大きく分けて3つある。①まず，オオカミのように力関係で自己の欲求だけを優先し，遊び半分で弱者を追い返すやり方がある。この解決策は，オオカミだけがWin状況でウサギたちがLose状況にあり，弱者への配慮がない点で課題が残る。②次に，オオカミがクマに出会ったときに自分が下がろうとしたように，相手に道を譲るやり方がある。この解決策は，相手に対する配慮はあるものの，自分は卑屈で困った状態にあるため，課題が残る。③さらに，クマのように相手を抱きかかえて反対側に下したように，他者も自分も幸せになるやり方もある。

　この3つの解決策を比較検討すると，初めのオオカミのように「いばって相手を追い返す方法」やクマに出会ったオオカミのように「卑屈に相手に道を譲る方法」よりも，クマのように「相手を持ち上げ反対側に渡す方法」が，賢明で思いやりがあり，結果として自他が幸福（Win-Win状況）になれることがわかる。このように複数の解決策を比べて，どれが人間としてよりよい生き方なのかを考え話し合うのが，問題解決型の授業展開なのである。

(6) 指導の実際

　ここでは学習指導過程の大要を示すことになる。どのような展開が可能か，何パターンも考えて，最善を選ぶようにしたい。

■**事前指導（調査）**》》》

　事前調査では，授業のテーマやねらいとする道徳的諸価値について，子どもの実態を把握するために行う。この教材であれば，日常生活での観察だけでなく，小学1年生が幼稚園児との交流会で遊ぶ様子を観察する。1年生は園児と一緒に遊ぶことはできるが，園児（弱者）の気持ちを思いやって面倒をみることは十分できていない。例えば，1年生と園児との間に意見の対立があると，1年生はわがままな主張を一方的に押し通す場面が目立つ。また，園児に親切にする理由を尋ねると，「先生（親）がそう言うから」「（幼い子が）かわいいから」などの回答を得た。

■**導入**》》》

　問題解決型では，①生活に関連した導入，②道徳的価値に関連した導入，③教材の内容に関連した導入などがある。

①**生活に関連した導入**

T　みなさんは，人に親切にしたことはありますか。（経験を尋ねる）
C　泣いている子を慰めた。→弟と一緒に遊んであげた。

T 立派ですね。そのとき，どんな気持ちになりましたか。
C よかったと思った。➡自分もうれしくなった。

②道徳的価値に関連した導入
T 親切にするとは，どういうことなのだろう。(概念を定義する)
C 人に何かをしてあげること。➡人の喜ぶようなことをすること。
T そうです。でも，なかなか親切にすることってむずかしいようですね。今日は親切について考えてみましょう。

③教材の内容に関連した導入
T もし狭い道路があって，途中で向こうから人が来た場合，どうすればいいかな。
C 相手に戻れと言う。➡自分が戻ってあげる。➡通り過ぎることはできないのかな。
T いろんな方法がありそうですね。今日はそうした話を考えましょう。

■展開前段 〉〉〉
　展開前段で教材を読む場合，一括してすべて読む方式と，問題場面ごとに分割する方式，問題場面だけ示す方式がある。ここでは一括方式と分割方式を示しておきたい。実際の授業では時間の都合上，どちらかを選択することになる。

【パターン１】一括方式
①教材をひととおり読んだ後にオオカミがウサギに戻れと言った場面をみる。
T ここで困ったことは何かな。(問題を発見する)
C オオカミが意地悪なこと。
C 一本橋で一人ずつしか渡れないこと。
T オオカミさんはここでウサギさんにどうしたかな。
C 「こら，こら，戻れ，戻れ」と言った。
T ここで，あなたならどうしますか。(解決策を構想する)
　　それはなぜですか。(理由を尋ねる)
　　やってみたら，どうなるかな。(結果を尋ねる)
C１案　クマのように渡してあげる。(Win-Win型)：相手も自分もうれしいから。
C２案　ウサギに戻れと言う。(Win-Lose型)：オオカミは強いから。
　　オオカミは楽しいけど，ウサギたちはいやな気持ちになる。
C３案　自分が戻ってあげる。(Lose-Win型)：相手に悪いから。
　　ウサギはうれしいけれど，オオカミは損した気分になる。
C４案　お互い渡るのを止める。(Lose-Lose型)：２人は渡れないから。
　　オオカミもウサギも残念でいやな気持ちになる。
T どれが一番いいだろうね。(ランキングによる比較検討)
　　なぜ，そう思いますか。
C １案がいいよ。みんなが喜ぶもの。

意地悪をすることより，みんなに喜んでもらえたほうが気持ちいいよ。
C　オオカミは強いから「戻れ，戻れ」と言ってもいいんじゃないかな。
T　クマにそう言われてもいいですか。（可逆性を尋ねる）
C　いやだ。➡やっぱり，みんなが喜ぶやり方がいい。

【パターン2】分割方式

①オオカミが橋の上でウサギたちを追い返した場面まで読む。
T　みんながオオカミならどうしますか。そのとき，オオカミはどんな気持ちになるかな。ウサギの気持ちはどうかな。
C1案　戻れと言う。：オオカミはいい気分になっても，ウサギはいやな気分になる。
C2案　道を譲る。：ウサギはうれしいけど，オオカミは損した気分になる。
C3案　橋を渡らない。：オオカミもウサギも困ったことになる。
T　どのやり方が一番いいかな。お互いによい方法はないかな。
C4案　順番に渡る。➡先に来たほうが早く渡ってあげる。➡ウサギが渡るまで待つ。
②オオカミが橋の上でとクマと出会う場面まで読む。
T　あなたがクマなら，オオカミをどうしますか。そうしたら，どうなるかも考えてください。（結果を尋ねる）
C1案　オオカミに「戻れ」と言う。：クマは強いから，オオカミをこらしめるといい。
　　　➡後でオオカミはウサギたちに八つ当たりするかもよ。
T　ほかにやり方はないかな。いろいろ考えてみて。
C2案　オオカミをこらしめる。：ウサギたちのために戦ってあげる。➡もう悪いことをしなくなる。➡オオカミがかわいそう……。
③クマがオオカミを抱き上げて後ろに渡してあげる場面などすべて読む。
T　みんな，このクマのやり方をどう思う。
C　すごい。➡優しい。➡頭いい。➡かっこいい。
T　相手に「戻れ」と言ったり，自分が戻ったりするのと比べて，どうかな。
C　クマのやり方がいいよ。だって，クマにもオオカミにもいいやり方だから。
T　（教材の最後を読む）①最初の意地悪なオオカミ，②クマに出会って後ろに戻ろうとするオオカミ，③みんなに優しくするオオカミ。どれが一番いいかな。

■展開後段 ≫

　展開後段では，問題の解決策をペアやグループで話し合い，よりよい生き方について話し合うことが多い。ここでは体験的な学習を取り入れるやり方として，①役割演技をするパターンと②シミュレーションで応用問題を解くパターンを提示する。実際の授業では，時間の都合上，どちらかを選択することになる。

【パターン1】役割演技方式

T　今度は，ウサギ，オオカミ，クマのお面を付けて，それぞれ演じてみましょう。

終わったら，お面を交替して演じてみましょう。
T　ウサギ役，オオカミ役，クマ役のときで，どんな気持ちでしたか。
C　オオカミ役でいばっているときは気分よかったけど，ウサギ役のときはいやだった。クマ役は相手からも喜んでもらえるからよかった。
T　これからは，人に接するとき，どうしたいと思いますか。
C　相手の気持ちを考えて，親切にしてあげたい。

【パターン2】シミュレーション方式
T　あなたがオモチャで遊んでいます。そこへ幼稚園のA君が来て，そのオモチャで遊びたいと言いました。あなたならどうしますか。
C　「いやだ」と言う。（2人）「帰れ」と追い払う。（3人）貸してあげる。（5人）後で貸してあげる。（3人）一緒に遊ぶ。（7人）
T　どれが一番いいと思いますか。（ランキング）
　　さっきのクマならどうするでしょう。（転移を促す）
　　自分がそう言われてもいいのはどれでしょう。（可逆性を問う）
C　一緒に遊ぶ。（12人）後で貸してあげる。（8人）
　➡さっきのクマなら一緒に遊んであげるよ。
T　そうしたら，どんな気持ちになるかな。（結果を尋ねる）
C　とってもいい気持ちになるよ。➡よかったという気持ちになる。

■終末 》》》
　終末では，①道徳的価値の理解を確かめる方式，②問題解決を振り返る方式，③今後の生活につなげる方式，④教師の説話をする方式などがある。時間の都合で，1つに限定してもよいし，いくつかを組み合わせてもよいだろう。

①道徳的価値の理解を確かめる方式
T　今日の授業から，人に親切にするとはどういうことだと思いましたか。
C　相手のことを考えて何かしてあげること。➡自分もうれしくなること。

②問題解決を振り返る方式
T　今日の授業では何を学びましたか。
C　弱い子に意地悪しないこと。➡相手のことも思いやること。
C　みんなが喜べるようにすること。

③今後の生活につなげる方式
T　今度の幼稚園との交流会で，どんなことができるかな。
C　一緒に遊んであげる。➡いろいろ教えてあげる。➡幼稚園の子に合わせる。
T　あなたたちなら，きっとできます。いろいろ親切をしてみましょう。

④教師の説話
T　親切とは自分のことだけ考えるのではなく，相手のことも思いやることです。そ

うすると，自分も気分がよくなります。これから困っている人がいたら，相手のことを考えて，いろいろ親切にしてみましょう。

■事後指導 >>>
①道徳的実践の機会を提供
　道徳授業の実効性を高めるために，道徳的実践の場を提供したい。例えば，この授業の後で，小学1年生と幼稚園児との交流会を行う。
②道徳的実践の振り返り
T　交流会では幼稚園の子に何か親切ができましたか。
C　小さい子が喜ぶ遊びをしてあげた。➡順番にオモチャで遊んだ。
　　➡おやつを分けてあげた。➡何でも言うことを聞いてあげた。
③スケーリング
T　どのくらいうまくいったと思いますか。◎○△で答えてみましょう。（スケーリング参照）
C　みんなに親切にできてよかった。（◎）➡あまりできなかった。（△）
T　どうすれば，1つ上の印になるかな。（例えば，△➡○）
C　もっと相手の気持ちを考える。➡自分から何かしてあげる。
T　これからも親切な行いを続けていきましょう。

(7) 評価の実際
　評価も多面的に行う必要がある。
①道徳的問題を解決する過程に関する評価
　教材では，登場人物の立場から問題解決できたかについて，思考・判断・表現の観点から形成的評価をする。導入では，力関係だけで問題を片付けようと考えていた子も，話し合う過程でみんなが喜べるやり方を考えられた点を認める。こうした問題解決をする過程の形成的評価は，低学年でも十分可能である。
②道徳的諸価値の理解に関する評価
　親切について考えを深められたか評価する。例えば，親切について授業前には「何かしてあげること」と答えていた子が，授業後には「相手の気持ちを考えて何かしてあげること」と答えていた点を認める。ただし，低学年では道徳的価値そのものを尋ねても答えにくいため，いくつかの選択肢から具体例を選ばせてもよい。
③日常生活に関連づけた評価
　普段の生活や幼稚園との交流会において親切を実践できたかを評価する。例えば，1年生が幼稚園との交流会で積極的に小さな子の面倒をよくみて，仲よく遊んであげていた点を認める。基本的には，子ども自身の自己評価を尊重する。

ワークシート はしの上のおおかみ

1ねん　くみ　ばん　なまえ

1. しんせつとは どんなことだろう。 ○△×で こたえよう。

   - じぶんだけ たのしいことを する。　→　○　△　×
   - 人を よろこばせる。　　　　　　　→　○　△　×
   - みんなが よろこぶように する　　→　○　△　×

2. どうなるか かんがえよう。

	おおかみの 気もち	うさぎたちの 気もち	どれが いいかな
「もどれ」という			
じぶんがもどる			
もちあげてわたす			

3. あなたが おもしろいおもちゃで あそんでいると ようちえんのともだちが やってきて,「そのおもちゃを かしてほしい」と いってきました。どうすることができるでしょう。

	じぶんの気もち	ともだちの気もち	どれがいい
かさない			
かす			
あとでかす			
いっしょにあそぶ			

問題解決型の道徳授業の実践例

第3章

本章では，問題解決型の道徳授業の実践例を具体的に紹介していく。提示する指導案の流れは，基本的には第2章で説明した「道徳授業のつくり方」に則っており，❶児童の実態，❷主題の設定，❸ねらいの設定，❹教材の概要，❺教材の分析，❻学習指導展開案，❼評価のポイント，❽指導の実際，❾評価の実際，という順になっている。

- 学習指導過程の会話文は，実際の授業内で話した内容だけでなく，授業外での話した内容やワークシートに記入した内容なども取り入れながら，部分修正してある。
- 会話文の冒頭，Tは教師 (Teacher) を表し，Cは子ども (Child) を表す。
- 会話文の「➡」は，ある子どもの意見の後に出た別の子どもの意見を意味する。「：」はある意見の理由を意味する。
- A-1 などの記号と番号は，学習指導要領の内容項目を表す。

これらの実践例は，筆者の大学院の講義や演習，各種の研修会などで，小学校の先生方に開発していただいた指導案とその実践記録をもとにしている。ただし，どの指導案も複数の先生方がさまざまなバージョンで実践して改良を加えているため，原案を大幅に加除・修正している。原型がある程度まで残っている場合は，最初の発案者の名前を記してあるが，指導方法が根本的に刷新された指導案や共同で開発した指導案については，特定の発案者の名前を掲載していない。

子どもが考え，議論する　問題解決型の道徳授業　事例集

1 低学年 ［1年生］

「二わのことり」

出典先　作　久保喬『久保喬自選作品集第1巻』みどりの会，1994

鈴木　一郎

　友達との付き合い方をテーマに，教材「二わのことり」を用いて共同開発した問題解決型の道徳授業である。ウグイスのような楽しい仲間と一緒に活動すること B-9 と，ヤマガラのように孤立した友達とも分け隔てなく接すること C-11 の間で葛藤する問題を考え話し合う。

❶ 児童の実態

　1年生は2学期にもなると仲のよい友達同士の付き合いも定着し，多くの子どもはグループで一緒に遊ぶようになるが，そうした仲間に入れず孤立している子やいじめられる子も出てくる。友達付き合いでも，仲のよい友達や強い友達の気持ちはよく理解しようとするが，そのほかの友達（身近な他者）の気持ちはあまり理解しようとしないため，相手につらい思いをさせることもある。

　道徳に関する意識調査をしても，周りの人から受け入れられているという意識（被受容意識）の低い子どもが少なからずいる。その一方で，目先の利益を優先して，身近な他者に対する配慮が足りない子も多い。

❷ 主題の設定

　子どもたちが快適な集団生活を送るために，単に親しい仲間と仲よくするだけでなく，ほかの多くの友達の気持ちにも思いやれるようになってほしい。また，強い子や人気のある子にだけ気遣うのではなく，孤立している子や弱い子にも配慮できるようにしたい。

　発達段階でいうと，目先の利益や強者の指示で行動する状態から，損得抜きで身近な他者や弱者を思いやれる状態への移行を目指す。そこで，「二わのことり」を用いて，子どもたちが友人関係の問題を考え，友達を差別せず，仲よくし，尊重し合うことの大切さを考えられるようにする。

●関連する内容項目： B-6 （親切，思いやり）， B-9 （友情，信頼），
　　　　　　　　　　 C-11 （公正，公平，社会正義）

❸ ねらいの設定

　大きなねらいは，身近な仲間だけでなく他者や弱者にも配慮し，互いに仲よくし信頼し合う態度を養うことである。

　教材に基づくねらいは，ミソサザイやヤマガラの立場に立って友人関係の問題を考えることを通して，孤立している友達の気持ちにも共感し，みんなと仲よくできる人

間関係の能力を養うことである。

　個別のねらいは，いつも親しい友達とだけ遊ぶ子どもたちが，ほかの子どもたちとも分け隔てをせず，仲よく行動できるようにする能力を養うことである。

❹ 教材の概要

> 【前半】小鳥たちのところにヤマガラから手紙がきて誕生会に招かれた。この日はウグイスの家でも音楽の練習があった。ヤマガラの家は山奥の寂しい所にあり，ウグイスの家は近くの明るい所にあった。ミソサザイはどちらに行こうか迷った。

> 【後半】ミソサザイはみんなと一緒にウグイスの家に行った。みんなと歌ったりご馳走を食べたりしたが，どうも楽しくない。そこで，ミソサザイはこっそり抜け出してヤマガラの家へ行った。

❺ 教材の分析

　この教材の道徳的問題は，ミソサザイがヤマガラの家に行くべきか，ウグイスの家に行くべきか，である。先に約束したヤマガラの家に行くべきだとは思うが，暗く寂しい場所なので，できれば明るく楽しそうなウグイスの家に行きたい気持ちがまさっている心理状況である。

　このときの道徳的価値としては，ミソサザイのヤマガラ（身近な弱者）に対する思いやりや先約を守る公正さ，ウグイスや小鳥の仲間たちとの友情，そしてみんなと練習をするという約束の遵守などがある。ミソサザイの葛藤としては，先に約束したヤマガラの家に行けば，小鳥の仲間やウグイスに悪いし，ウグイスの家に行けば，ヤマガラに寂しい思いをさせることである。ミソサザイはほかの鳥たちに同調して，あまり考えもなくウグイスの家に行くように思えるが，ヤマガラのことも気にかかることになる。

　この葛藤する場面で教材を中断して，ミソサザイはどうすればよいかを考えることにする。登場人物の気持ちに共感しながら，①「ヤマガラの家に行く」，②「ウグイスの家に行く」，③「両方に行く」，④「どちらにも行かない」，⑤「みんなで相談する」などの解決策を子どもたちと考える展開にしたい。

　資料の後半では，ミソサザイはこっそり抜け出してヤマガラの家に行くことになる。これはヤマガラの気持ちに配慮した行為であるが，ウグイスやほかの鳥たちに抜け駆けすることになる。そこで，現実的な解決策としてどのようにすればよいかも話し合える。例えば，ウグイスやほかの鳥たちに相談して，みんなでヤマガラの家に行くこともできるはずである。全員が行けない場合でも，みんなに一言声をかけてから行くべきであろう。こうした具体的な解決策を考えることが，実効性を高めることになる。

❻ 学習指導展開案

（囲みは中心発問，下線は重要な発問）

	基本発問と予想される児童の反応	指導上の留意点
導入	1．友達との付き合いについて考える。 ● 友達がいてよかったのは，どんなときか。 　＊一緒に遊んだとき。 　＊助けてもらえたとき。 ● 2人の友達に別々の遊びに誘われたらどうする。例えば，トランプと鬼ごっこ。 　＊楽しいほうをする。	・『わたしたちの道徳』の関連ページを参照する。 ・各自の経験から友情の大切さを確認する。 ・複数の友情は対立することもあることに気づかせる。
展開前段	2．「二わのことり」の前半を読む。 ● <u>ミソサザイは何を悩んでいるのでしょう。</u> 　＊どちらの家に行くか。 ● ミソサザイはどうしたらよいでしょう。 　＊ウグイスの家に行く。 　　楽しそうだから。 　＊ヤマガラの家に行く。 　　誕生日だから。 　　友達だから。 　＊わけを話して両方の家に行く。 　　みんなの気持ちを大切にしたいから。 ● どれが一番いいかな。 　＊ヤマガラの家に行ったほうがいい。 　＊時間をずらして，両方とも行けばいい。 3．「二わのことり」の後半を読む。 ● ミソサザイはどうしたらよかったかな。 　＊みんなとウグイスの家からヤマガラの家に行く。	・ミソサザイが迷うところまで読む。 ・登場人物のペープサートを使って考える。 ・それぞれの解決策がどのような結果をもたらすか考える。 ・みんなが幸せになれるような解決策を話し合う。
展開後段	4．導入で話した問題を再び考える。 ● 2人から別の遊びを誘われたらどうする。 　＊順番に遊ぶ。 　＊楽しいほうを選ぶ。 　＊先の約束を守る。 　＊話し合って決める。 ● どれが一番いいかな。	・自分や2人の友達の気持ちを考えて解決策を考える。 ・導入の考えと比べて問題解決能力がどう変化したか把握する。
終末	5．授業のまとめをする。 ● みんなと仲よく付き合うためには，どうすればいいだろう。 　＊自分だけでなく友達の気持ちも考える。 　＊みんなが喜ぶようにいろいろ話し合う。	・2つの事例から学んだことを確認する。 ・授業後の友達付き合いに生かし，事後指導を行う。

❼ 評価のポイント

　ミソサザイの立場で，ヤマガラやウグイスの気持ちを考えながら適切に問題解決できたかを評価する。次に，友達付き合いについて考えを深めることができたか評価する。第3に，授業後の子どもたちの友達付き合いに反映できているかを評価する。

ワークシート

「二わのことり」

1ねん　くみ　ばん　なまえ _____

1．ともだちの　さとみさんが　いっしょに　トランプをしようと　さそって　きました。そのあとで，にんきものの　いちろうくんが　おにごっこをしようとさそってきました。みんなは　おにごっこをしに　そとへいきました。あなたなら　どうするでしょう。

　　つぎから，ひとつ　えらんで　○をつけましょう。

　（　）みんなと　おにごっこに　いく。
　（　）さとみさんと　ほんを　よむ。
　（　）そのほか（　　　　　　　　　　　　　　　　　　　　　　）

2．あなたが　みそさざいだったら，どうしますか。

	じぶんのきもち	ことりたちのきもち	やまがらのきもち
うぐいす のいえに いく			
やまがら のいえに いく			
どちらの いえにも いく			

3．きょうのじゅぎょうで　かんがえたことを　かきましょう。

057

⑧ 指導の実際

■導入 >>> ※『わたしたちの道徳（小学校1・2年）』の「ともだちと なかよく」を見る。

T 友達が一緒にいてよかったなと思うのは、どんなときですか。

C 一緒に楽しく遊べるとき。➡助けてもらえたとき。

T もし2人の友達が別々に遊ぼうと言ってきたらどうしますか。
　例えば、里美さんがトランプで遊ぼうと誘ってきました。その後でクラスで人気者の一郎君がみんなで鬼ごっこをしようと誘ってきました。みんなは鬼ごっこをしに外へ行きます。あなたならどうしますか。

C 1案　トランプする。（15名）：先に誘われたから。➡里美さんに悪いから。

C 2案　鬼ごっこする。（20名）：楽しそうだから。➡みんなと一緒だから。

T そうするとどうなるかな。里美さんや一郎君の気持ちも考えよう。

C 里美さんとトランプをしたほうがいいよ。➡でも、それじゃ一郎君に悪いよ。

T 今日は友達との付き合いについて考えてみましょう。

■展開前段 >>> ※資料の前半でミソサザイがヤマガラとウグイスから誘われるところまで読む。

T <u>ここでミソサザイは何を悩んでいるのでしょう。</u>

C どっちの家に行くか。➡ヤマガラとウグイスたちのどちらを大切にするか。➡誕生会と音楽会の練習はどちらが大切か。

T ミソサザイは、どうすればよいと思いますか。 それはなぜですか。

C 1案　ウグイスの家に行く。（35人中23名）：ウグイスの家のほうが楽しいから。➡みんな行くから。➡練習があるから。

T そのとき、ヤマガラの気持ちはどうなると思いますか。

C 寂しいよ。➡悲しい。➡つらくて泣くかも。➡しょうがないよ。

T 自分がそうされてもいいですか。

C いやだよ。➡少しだけヤマガラの家にも行こうか。➡どうしよう。

C 2案　ヤマガラの家に行く。（12名）：かわいそうだから。➡先に誘われたから。➡友達だから。➡誕生会だから。

T ヤマガラ、ウグイス、小鳥の仲間たちは、それをどう思うかな。

C ヤマガラは喜ぶ。➡だけど、ウグイスや小鳥たちは怒る。
　➡自分だけずるいよ。➡練習をさぼるなんてひどい。➡裏切ったな。

T その後、どうなると思いますか。

C 小鳥たちから仲間はずれにされる。➡これからはヤマガラとだけ仲よくすればいい。➡いや、やっぱりウグイスの家に行ったほうがいいよ。

T このほかによい考えはないかな。みんなが喜ぶやり方はないかな。

C 3案　みんなで話し合って，今日だけヤマガラの家に行く。
C 4案　ウグイスの家で練習が終わったら，ヤマガラの家へ行く。
T 　さて，実際のミソサザイはどうしたでしょう。(※**物語の後半を読む**)
　　実際のミソサザイは，ウグイスの家に行ってから，こっそり抜け出してヤマガラさんの家に行きました。自分の考えと比べてどうかな。
C 　ミソサザイは頭いい。➡優しいね。➡私の考えと同じだわ。
　➡両方行くのと同じだよね。➡そんなのずるいよ。
T 　もう一度，どれが一番いいか考えてみよう。
　※この時点で1案「ウグイスの家に行く」(8名)，2案「ヤマガラの家に行く」(7名)，3案「両方に行く」(20名)に分かれる。
T 　「両方に行く」を選んだ人が増えましたが，なぜですか。
C 　ヤマガラにもウグイスや小鳥の仲間たちにもよいから。➡ミソサザイのように音楽会の練習でこっそり抜け出せばいい。➡そんなのずるいよ。➡初めからちゃんと言えばいいんだ。
T 　初めに何と言えばいいのかな。
C 　「今日はヤマガラの誕生会があるので，途中で抜けるからね」って言う。

■**展開後段** >>>

T 　初めの問題に戻りましょう。あなたが昼休みに里美さんからトランプしようと誘われて，その後で仲よしの一郎君から鬼ごっこしようと誘われたら，どうしますか。
C 1案　トランプする。(23名)：初めに誘われたから。➡里美さんに悪いから。
C 2案　鬼ごっこする。(12名)：一郎君が好きだから。➡みんなと一緒がいい。
T 　そうしたら，里美さんと一郎君の気持ちはどうなるでしょう。
C 　鬼ごっこすれば里美さんが悲しむ。トランプすれば一郎君に悪い。
T 　もしあなたが鬼ごっこ大好きだったら，どうだろう。
C 　鬼ごっこに行く。➡やっぱり先に約束したほうをする。
T 　里美さんと一郎君の気持ちを考えて，ほかにやり方はないかな。
C 3案　よく話し合って決めればいい。➡どちらか別の日に遊べばいい。
C 4案　里美さんも鬼ごっこに誘う。➡里美さんはやりたくないかも。
T 　どれが一番いいかな。
C 　里美さんとよく話し合う。➡トランプしたければ，一郎君たちに「また今度遊ぼうね」と言う。➡里美さんも鬼ごっこしたければ一緒にやる。

■**終末** >>>

T これからいろいろな友達と仲よく付き合うためには、どんなふうにすればよいと思いますか。

C みんなの気持ちを考える。➡仲間はずれにしない。➡約束を守る。
➡みんなが気持ちよくなれるようにする。

T 友達みんなが幸せになれるように考えることが大切ですね。自分や仲間だけでなく、ほかの多くの人の気持ちを思いやれるようにしましょう。今週の目標は、友達の気持ちをよく考え、友達のために何かしてあげることにしましょう。

■**事後指導** >>>

T 今週の目標である「友達のために何かすること」はできましたか。

C みんなと仲よく遊べた。➡一人ぼっちの子を仲間に入れた。➡友達との約束を守った。➡みんなにあいさつした。

T やってみて、どんな気持ちでしたか。

C 友達が喜んだので楽しかった。➡気持ちよかった。➡みんなの気持ちを考えるのは、むずかしかった。

T これからも続けていきましょう。

❾ 評価の実際

　子どもたちがミソサザイ、ヤマガラ、ウグイス、小鳥の仲間たちの気持ちを考えながら問題解決できたかを評価する。ここでは、初め「楽しいウグイスの家に行く」「みんなが行くほうに一緒に行く」と答えていた子が、ヤマガラの気持ちも思いやって、「自分だけでも祝いに行く」「ウグイスの家の後でヤマガラの家にも行く」と発言していた点を認める。

　次に、友達付き合いについて考えを深めることができたか評価する。例えば、授業の導入で、友達との遊びで「やりたいほうをする」「みんなと一緒がいい」と考えていた子が、最後は「相手と話し合う」「先の約束を守る」と答えていた点を認める。

　第3に、授業後の子どもたちの友達付き合いを評価する。実際に、「みんなのことを考えよう」と声をかけて、孤立している子を気遣う行動が増えた点を認めた。

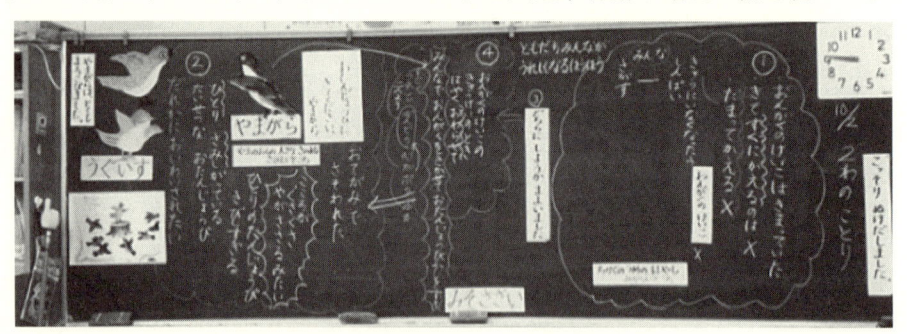

❶「二わのことり」第3章

2 低学年［1年生］
「また，こんど」
出典先 学習研究社

吉村　光子

これは困難を避け自由気ままに安楽な生活したいという欲求と，自分のやるべきことはしっかりやろうとする意欲 A-5 の間で，葛藤する問題を考え話し合う問題解決型の道徳授業である。展開後段では，運動会の練習という別場面を設定して，あらためて同テーマの問題を解決する。

❶ 児童の実態

1年生の1学期を通して，子どもたちは学校生活のルールを学び，自己中心的な言動を我慢することや，学習において，努力をして力を身につけることを経験してきた。しかしながら，まだ後々の自分自身の姿を考えて，いまはどうするべきかを考える力は弱く，安易なほうに流されやすい。集中力が続かず，何か別のものに気を取られると，本来やるべきことを忘れてしまうことがある。ルールを聞かずに勝手な行動をして危ない思いをしている子どもたちもいる。

❷ 主題の設定

自立していくには，いま，何をやらなければいけないかを知り，やるべきことがしっかりできることが大切である。向上心と努力が結びついて，よりよい自分が形成されていく。自分自身のわがままな気持ちをいかに抑え，努力を続けていくことができるかを考えられるようにしたい。

発達段階でいえば，結果についての考察が不十分で，目先の苦痛を避け，目先の利益を求めるところから，規則や礼儀を重んじて自他の欲求や権利を自主的に調整して問題解決できるところへの上昇を目指したい。

そこで「また，こんど」を教材として，飛ぶけいこを怠る子つばめの怠惰でわがままな行動が，結局は南の島まで飛ぶことができず，自分自身の命まで危険にさらしてしまうことを理解させ，どうすれば，「けいこをする」という努力ができるかを考えさせ，怠惰な心に打ち勝って，やらなければいけないことに努力をしていける実践力を養いたい。

●関連する内容項目： A-1 （自由と責任）， A-3 （節度）， A-5 （努力），
　　　　　　　　　 C-13 （家族愛）

❸ ねらいの設定

大きなねらいは，わがままを抑え，自分でやらなければいけないことを努力してやろうとする態度を養うことである。

教材に即したねらいは，子つばめの立場に立って問題解決に取り組み，向上心をもって，わがままな心を抑えながら，粘り強く努力しようとする態度を養うことである。

個別の子どもに即したねらいは，いつも特別活動などで自己中心的に勝手な行動をする児童が，きちんとやるべきことをやろうとする実践意欲を高めることである。

❹ 教材の概要

> 【前半】一人っ子の甘えん坊な子つばめは，両親に南の島へ渡るために飛ぶ練習をするように何度も言われた。しかし，子つばめは面倒なので，「そのうちに，けいこするよ」「明日からけいこするよ」と言って，いつまでたっても練習をしなかった。

> 【後半】ある日，いよいよ南の島へ向かって出発をすることになった。ところが，海の上で，子つばめは「もう，飛べないよ」と言って，海に落ちてしまいました。気がつくと，海に浮いている木につかまっていた。
> お父さんに「ちゃんと飛ぶ練習をしておかなかったからだ」と諭され，ひと休みした後，再び飛び立って行った。

❺ 教材の分析

この教材の道徳的問題は，子つばめが両親に何度も飛ぶ練習をするように言われていたのに，怠けて練習をしなかったところにある。やらなければいけないことをしっかりやろうとする強い意志と，面倒なことはやり過ごして安楽に過ごしたいというわがままな欲求をどう調整するかを考えることになる。

この問題では，「自分のやるべき勉強や仕事をしっかり行うこと」という道徳的内容項目 A-5 を教え込むだけでは，単なる生活指導になってしまう。問題解決型では，「それをやらなければ，どのような結果が予想されるか」「きちんとやれば，どのような結果が予想されるか」をじっくり考えたいところである。例えば，飛ぶ練習をしないでいれば，そのときは一時的に楽しく過ごすことができても，いざ南の島まで飛ぼうとしても飛ぶ技術も体力もなくて，途中で脱落して目的地に辿り着けないかもしれない。逆に，真面目に飛ぶ練習をすれば，そのときはつらいかもしれないが，少しずつ飛べるようになり，最終的には親鳥について行けるようになる。どうすれば困難を乗り越えて，南の島に行けるかを具体的に考えさせたい。

「南の島」までの飛行距離がうまく想像できないようであれば，世界地図でオーストラリアや東南アジアなどの位置を具体的に示すのもよい。つばめが南の島へ渡るときは，時速55〜60kmくらいで飛行し，1日で300km以上も飛び，合計で1000〜3000kmも飛ぶことを予備知識として導入で教えてもよいだろう。

❻ 学習指導展開案

(囲みは中心発問，下線は重要な発問)

	基本発問と予想される児童の反応	指導上の留意点
導入	1．「努力すること」について話し合う。 ●できるようになろうと練習していることはありますか。 ＊自転車の練習をした。 ＊計算を勉強している。	・努力した経験から，努力のイメージを描く。
展開前段	2．「また，こんど」を教師が読む。 ※「明日から，けいこするよ」と答えたところまで読む。 ●ここで，困ったことは何ですか。 ＊子つばめが練習をやらないこと。 ●みんなが子つばめだったらどうしますか。 ＊ちゃんと練習する。飛べないと大変だから。 ＊少しは練習する。怒られるから。 ＊練習しない。面倒だから。ケガするから。 ●練習をしなかったらどうなるかな。 ＊冬になっても南の国へ飛んで行けない。 ＊親つばめにしかられる。 ※最後まで教材を読む。 ●子つばめはどうすればよかったかな。 ＊がんばって練習するとよかった。	・つばめの渡りについて想起させる。 ・問題を明確にする。 ・子つばめの立場に立って，さまざまな心情を考え，けいこをする際の困難を明確にする。 ・けいこしたくない気持ちをどのように我慢するか，考えさせる。 ・やらなければならないことだから，いやな気持ちを我慢して，できるようになったほうが，気持ちがいいことを確かめる。
展開後段	3．運動会の練習について考える。 ●自分だったら，どうしますか。 ＊しゃべりたいけど，我慢して先生の話を聞く。いま聞かないと，わからなくなるから。 ＊大事な話をしているときは，よく聞く。	・補助発問として以下も尋ねる。 ●一生懸命練習すると，どんなよいことがあるか。 ●おしゃべりしていると，どんな困ったことがあるか。
終末	4．授業のまとめをする。 ●やらなければいけないことができるようになるために，どんなことが大切ですか。 ＊後のことも考えて，がんばる。 ●今日から１週間，がんばってやり抜きたいことをワークシートに書きましょう。それができたらどうなるかも考えましょう。	・運動会の練習や掃除，給食など普段の生活から想起させる。 ・１週間後に発表してもらうことを告げる。

❼ 評価のポイント

飛ぶ練習をするべきか，しなくてもよいかで迷う場面で，適切に問題解決ができているかを評価する。やらなければならないことは何かを理解して，すすんで行うことの大切さに気づくことができたかどうかを評価する。

日常生活や学校行事（運動会の練習）などに応用できているか評価する。

ワークシート

「また，こんど」

1ねん　　くみ　　ばん　　なまえ
_____

1．あなたが，こつばめだったら，とぶけいこを　しますか。

　　　　（　　　）とぶけいこを　いっしょうけんめいする。
　　　　（　　　）すこしは，けいこをする。
　　　　（　　　）とぶけいこを　しない。

　　なぜ，そうしますか。わけを　かきましょう。

　┌─────────────────────────────────┐
　│わけ　　　　　　　　　　　　　　　　　　　　　　　　　　│
　│　　　　　　　　　　　　　　　　　　　　　　　　　　　　│
　│　　　　　　　　　　　　　　　　　　　　　　　　　　　　│
　└─────────────────────────────────┘

2．うんどうかいの　たま入れの　れんしゅうの　ときのことです。天気がよく，じっとしていても　あせが出てくるほど　あつい日です。たいそうすわりをして，先生から　たま入れのしかたの　はなしをきいていました。

　　そのとき，となりに　すわっていた　なかよしの　たろうくんが，「ねえ，ねえ，休みじかん，なにしてあそぶ？」と，はなしかけてきました。ふと見ると，もうひとりの　ともだちは，下をむいて，すなあそびを　しています。

　　あなたなら，このあと，どうしますか。

　　　　（　　　）しゃべったり，すなあそびを　したりする。
　　　　（　　　）たろうくんに「先生の　はなしを　きこうよ」という。
　　　　（　　　）「いっしょに　がんばろう」という。

　　なぜ，そうしますか。わけを　かきましょう。

　┌─────────────────────────────────┐
　│わけ　　　　　　　　　　　　　　　　　　　　　　　　　　│
　│　　　　　　　　　　　　　　　　　　　　　　　　　　　　│
　│　　　　　　　　　　　　　　　　　　　　　　　　　　　　│
　└─────────────────────────────────┘

3．きょうから，1しゅうかん，がんばってやりぬくことを　きめましょう。
　　それができたら，どうなるかな。

　┌─────────────────────────────────┐
　│　　　　　　　　　　　　　　　　　　　　　　　　　　　　│
　│　　　　　　　　　　　　　　　　　　　　　　　　　　　　│
　│　　　　　　　　　　　　　　　　　　　　　　　　　　　　│
　│　　　　　　　　　　　　　　　　　　　　　　　　　　　　│
　└─────────────────────────────────┘

❽ 指導の実際

■事前指導 ⟫⟫⟫

　夏休みの課題について，自主的に取り組んだかどうかのアンケートを行い，自分のやるべきことに対して，どのように取り組んだかを調査しておく。また，残暑の厳しさが予想されるなか，運動会の練習に対してどのような態度で取り組むことができているか，自己評価もさせながら，実態を把握しておく。そのなかで，なかなか自主的に努力できない児童に注目していきたい。

■導入 ⟫⟫⟫

T　これまでできなかったことをできるようになろうと練習したことはありますか。
C　自転車の練習をして，乗れるようになった。➡算数の計算ができるようになった。
T　途中で練習がいやになって止めたことはありませんか。
C　けん玉の練習をしていたけど，だんだん面倒になって止めちゃった。
T　今日は，子つばめが飛ぶ練習をする話をします。つばめは寒い冬が来ると，海を越えて遠くの暖かい南の島，フィリピンやオーストラリアの方へ飛んで行かなければなりません（地図で示す）。こんなにたくさん飛ぶのは，子つばめにとって大変ですね。子つばめはどうしたらよいかを考えてみましょう。

■展開前段 ⟫⟫⟫　※教材「また，こんど」を教師が読み上げる。

T　この話の中で困ったことは何かな。
C　子つばめが練習をしないことです。➡「また，こんど」と言ってやらない。
T　どうして子つばめが練習しないと困るのかな。
C　遠い南の島に飛んで行かなければならないから。
C　遊んでいたら，冬になって飛べないと大変なことになるからです。
T　子つばめはどうしたかな。自分だったら，どうしますか。
C1案　がんばって練習する。：南の島まで飛んで行けるようにするためです。
C2案　いまは練習しない。：冬になったらやればいい。無理にやるとけがするかも。
C3案　少しずつ練習する。：毎日だと大変だから。➡けがしないくらいにやる。
T　そうしたら，どうなるでしょうか。
C　練習しないでいると，親つばめから怒られると思う。
C　冬になってみんなで飛び立っても，子つばめだけ南の国まで飛べないよ。
C　「また，こんど」と言っているうちに，冬がすぐ来ちゃうかもしれない。
T　それでは，物語の後半を読んでみます。子つばめは練習をしないでいたので，途中で力尽きて，海に落ちてしまいます。どうすればよかったのかな。

C　やっぱりきちんと練習すればよかった。➡親つばめの言っていたことがわかった。
　➡自分のためにも，きちんと練習しておけばよかった。

■展開後段 》》》
T　運動会の練習が続いています。ただ，練習を真面目にやる子もいれば，そうでない子もいます。これからどうすればいいと思いますか。
C　練習中は友達と遊びたいのを我慢したほうがいいと思う。
C　ちゃんと先生の話を聞かないと，子つばめみたいに大変になるかもしれない。
C　練習でも真面目にやらないと，危ないことになるかもしれない。
C　次の運動会の練習ではがんばってみたいです。

■終末 》》》
T　やらなければいけないことを，きちんとやれるようになるためには，どんなことが大切ですか。
C　子つばめみたいに「また，こんど」と言わず，いまやる。いまでしょ！（笑）
C　後のことも考えて，ちゃんと努力する。
T　今日から1週間，がんばってやり抜きたいことをワークシートに書きましょう。それができたらどうなるかも考えましょう。

■事後指導 》》》
　運動会終了後，取り組んできた運動会ノート（自己評価）を振り返らせ，成功した喜びをみんなで味わうとともに，成功に導いた努力を認め，励ましたい。また，授業の終末で決めた「1週間がんばること」について，振り返りを発表させる。

❾ 評価の実際

　展開前段では，子つばめの立場に立って，練習をさぼりたいという弱い心から，しっかり練習して本番に臨みたいという強い心に変容する過程を評価する。
　また，展開後段の教材「運動会の練習」では，主人公の立場に立って練習中なら適当に遊んでいたいという態度を改め，練習でも気を抜かずがんばろうとする態度に変容する過程を評価する。
　自分がやらなければいけないことに対して，わがままな気持ちを抑えて努力しようとする意欲が高まったかを評価する。事前アンケートと授業中のアンケートを比較して，どうのように変容したかを評価する。
　この授業で学んだことを運動会の練習や本番に生かせたかどうか振り返り，シートで自己評価する。さまざまな場面で子ども一人一人が努力した様子を認める。

3 低学年［1年生］
「となりのせきのますだくん」「ますだくんの1ねんせい日記」

出典先　作　武田美穂，ポプラ社

野田　恭代

これは友情 B-9 や思いやり B-6 をテーマにして，絵本「となりのせきのますだくん」と「ますだくんの1ねんせい日記」を用いた授業。みほちゃんの悩み，ますだくんの言い分も聞いたうえで，2人が仲よくなるためにはどうすればよいか，役割演技を用いて考え話し合う。

❶ 児童の実態

　小学生になると，自分の思ったことをはっきりと主張できるようになり，子どもたちの個性も表れてくる。その反面，子どもたち同士の関係においては，思っていることをそのまま伝えたり，相手の思いを言葉どおり理解したりするために，本心とは違う思いが行き来し，しばしば言い争いや喧嘩を引き起こす原因になっている。

　学級における子ども同士のかかわりや男女も仲よく，いくつかのグループはあるものの，個々人同士の関係もしっかりとつながっている。しかし，友達関係において言葉が行きすぎて，相手を傷つけてしまうこともよく見られる。さらに，友達を傷つけて，ほかのクラスメイトに責められて自分自身もつらい思いをする場面も見られる。

❷ 主題の設定

　子どもたちがお互いの関係をより強く，深く結んでいくためにも，お互いのことを理解する気持ちを大切にしたい。子どもたちにはそれぞれ，思いや言いたいことはあるのだが，それをうまく伝える手段を知らなければ，お互いの言葉で傷つけ合うことになり，相手の思いを理解することはむずかしい。それぞれの言い分には正しいところもあれば間違っているところもあり，いま一度自分の行動や言葉を見直すことで，互いに理解し合う能力を育てたい。

　本授業では，『となりのせきのますだくん』と『ますだくんの1ねんせい日記』という2冊の本を扱う。『となりのせきのますだくん』では，主人公のみほちゃんの視点から，いつもちょっかいを出してきて意地悪なますだくんについて書かれている。一方『ますだくんの1ねんせい日記』では，ますだくんの視点から，意地悪だと思われていたますだくんの行動は，実は頼りなく苦手なことの多いみほちゃんを心配して，親切に助けてあげようとしている姿が書かれている。この1つの物事を通じてそれぞれの思いがすれ違っている絵本を読み，人の気持ちというものは伝わりにくく，誤解されやすいからこそ，伝える方法を吟味し，理解し合う態度の重要性を考えていく。

●関連する内容項目： B-6 （親切，思いやり）， B-9 （友情，信頼）

❸ ねらいの設定

　大きなねらいは、自分の思いを大切にしながら、友達のことを思いやり、言い方や振るまいを考えて、お互いの気持ちを理解し合う能力を養うことである。

　教材に基づくねらいは、自分の思いを大切にしたい、伝えたいという思いと、理解されないつらさをみほちゃん、ますだくん、それぞれの立場から共感することで、友達と理解し合える関係をつくることのできる能力を養うことである。

❹ 教材の概要

> 『となりのせきのますだくん』　作・絵　武田美穂、ポプラ社、1991年
> 　みほちゃんは、隣の席のますだくんが苦手です。ますだくんは授業中に手を使って計算をするみほちゃんを注意したり、縄跳びやかけっこが苦手なことを馬鹿にしたりするからです。昨日は、みほちゃんが気に入っていた鉛筆をますだくんが折ってしまいました。もうみほちゃんは学校へ行きたくなくなりました。

> 『ますだくんの1ねんせい日記』　作・絵　武田美穂、ポプラ社、1996年
> 　ますだくんは、隣の席のみほちゃんが頼りないので、いろいろ世話をやいてあげようとした。計算や縄跳びを教えてあげようとしても、みほちゃんはそれを素直に受け入れてくれません。昨日、みほちゃんの鉛筆が落ちて、ますだくんの方へ転がってきました。みほちゃんが怒って「返して」と言うと、ますだくんは鉛筆を放り投げました。すると、床に転がった鉛筆は友達に踏まれて、折れてしまいました。

❺ 教材の分析

　この教材の道徳的問題は、みほちゃんとますだくんが互いの気持ちを理解し合えず、どんどん関係が悪化していることである。みほちゃんは頼りないところがあり、自分の思っていることを上手にますだくんに伝えることができないでいる。一方、ますだくんは思ったことを言葉や行動にすぐ移す力はあるが、伝える方法が乱暴なので相手からいやがられるところがある。

　2人とも自分の思いをきちんと相手に伝えたいと思うが、理解されないつらさもある。そこで、みほちゃん、ますだくん、それぞれの立場から、自分の思いを大切にし、相手を傷つけずに上手に伝えるということの重要性を考えさせたい。

　教材は、ますだくんがみほちゃんの鉛筆を投げたことで、鉛筆が友達に踏まれて折れてしまう場面で物語を止め、どんな言葉で仲直りするのか考える。その際、仲直りの言葉を相手がどのように受け取るかを考えて、かける言葉を吟味していく。

❻ 学習指導展開案

(囲みは中心発問,下線は重要な発問)

	基本発問と予想される児童の反応	指導上の留意点
導入	●友達のことで困ったことはありませんか。 　＊悪口を言われた。 　＊たたかれた。 ●そのときは,どうしましたか。 　＊無視した。 　＊止めてと言った。	・普段の生活で友人関係を振り返ってみる。 ・日常の問題として考える工夫をしたい。
展開前段	1.『となりのせきのますだくん』を読む。 ●みほちゃんは何を悩んでいるのかな。 　＊ますだくんに意地悪されている。 ●みほちゃんはどうすればいいだろう。 　＊みほちゃんがますだくんに止めてと言う。 　＊席がえすればいい。 　＊先生に言う。 2.『ますだくんの１ねんせい日記』を読む。 ●ますだくんは,みほちゃんをどう思っているのだろう。 　＊頼りない子だから助けてあげたい。 ●みほちゃんとますだくんは,どうすれば仲よくなれるだろう。 　＊思いをうまく伝え合えばいい。	・まず,みほちゃんの側から問題を見いだす。 ・みほちゃんの立場で解決策を一緒に考える。 ・今度は,ますだくんの側から問題を見いだし,解決策を考える。
展開後段	●2人の役になって思いを伝えましょう。 　(ますだくん役)意地悪してごめんね。お世話したかったんだけど,迷惑だったね。 　(みほちゃん役)そうだったんだ。私こそ消しゴムぶつけてごめんね。 ●今度は2人ペアでやってみましょう。	・みほちゃんとますだくんで役割演技する。 ・初めは,教師と子どもで役割演技し,やり方を習得する。 ・次に,子ども同士のペアでも役割演技する。
終末	●今日の授業ではどんなことを考えましたか。 　＊上手に思いを伝えること。 ●人の気持ちはなかなか伝わりにくいものです。気持ちを上手に伝えるためには,友達を理解しようとする気持ちが大切です。	・相手の立場になって言葉をかけられるようにする。 ・上手な付き合い方を考えられるようにする。

❼ 評価のポイント

　みほちゃんとますだくんの心情を理解し,2人が仲よくするためにはどうすればよいか,問題解決する過程を評価する。

　役割演技を通して,みほちゃんとますだくんの立場を理解して,お互いに仲直りできる言葉をかけ合うことができるか評価する。

　日常生活でも,こうした友達同士の自己主張や仲直りの方法を活用・応用できているかを評価する。

ワークシート 「となりのせきのますだくん」

1ねん　くみ　ばん　なまえ _____

ふたりは，どうすればよいだろう？

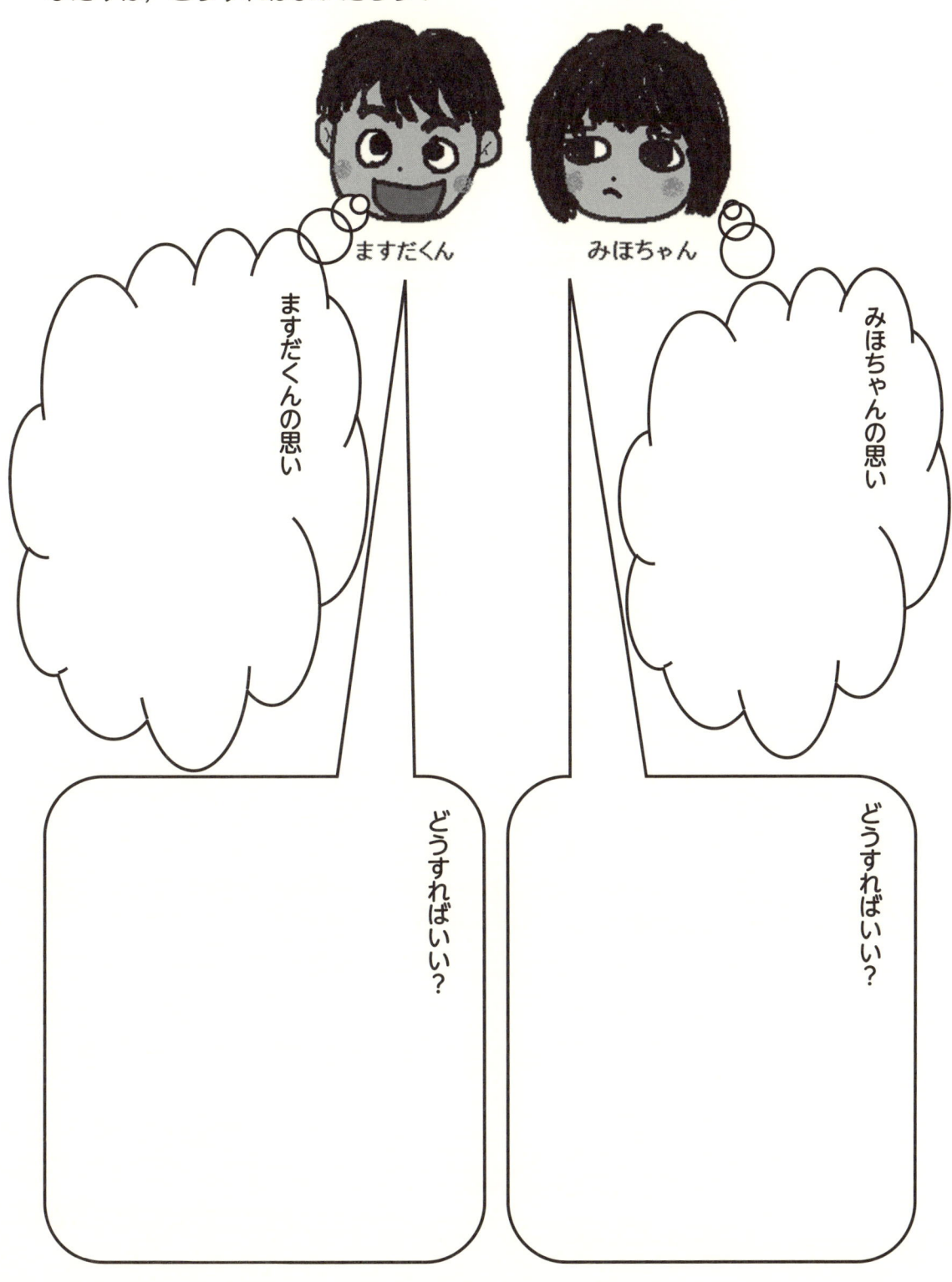

ますだくん　　みほちゃん

ますだくんの思い

みほちゃんの思い

どうすればいい？

どうすればいい？

071

❽ 指導の実際

■導入 〉〉〉

T 「相手のことを思いやる」ってどういうことだと思う？
C 友達がしてほしいことをしてあげること。
C 友達の言うとおりにすること。
T じゃあ，面倒なことでも何でもやってあげるの？
C 何でもやってあげるわけじゃない。➡友達がしてほしいならしてあげるよ。
T 自分を大切にすることと，友達を大切にすることって，同時にできるかな？
C できないかな……。➡むずかしいけど，多分できるかも。
T 今日は，友達とわかり合うためにどうすればいいのかを考えてみましょう。

■展開前段 〉〉〉 ※『となりのせきのますだくん』を読む。

T みほちゃんはどんな女の子だと思いますか。
C おとなしい子。➡苦手なことが多い子。
T ますだくんはどんな男の子かな。
C 意地悪な子。➡（絵本を指さして）怪獣みたいな子。
C みほちゃんのことが嫌いなんだと思う。
T 2人の仲はよくないね。 どうすればいいかな。
C ますだくんがよくないと思う。みほちゃんに謝ればいい。
C みほちゃんはいじめられたことを先生に言えばいいと思う。➡先生から怒ってもらえばいいね。➡こういう子，私も嫌い……。
T ますだくんだけが悪いのかな。今度は，ますだくんの側からお話をします。
　※『ますだくんの1ねんせい日記』を読む。
T ますだくんの話を聞いてどう思いましたか。
C ますだくんにも，言いたいことがあるんだなって思った。
C ますだくんは，別にみほちゃんをいじめたいわけじゃないんだよ。きっと。
C ますだくんは，実はみほちゃんのことが好きなんじゃないかな（笑）。
T それでは，2人の関係がうまくいってないのはどうしてかな。
C ますだくんは，みほちゃんに親切にしてあげようとする気持ちはいいけど，乱暴な言い方をしてはダメだと思う。
C みほちゃんがいやがっているのに，無理にかまうからよくないんだ。相手にしなければいいのに……。
C ますだくんがせっかく教えてあげているのに，みほちゃんが逃げているのもおかしいと思う。みほちゃんは，ますだくんを悪くばかり言っている。

■**展開後段** 〉〉〉

T ｜どうしたら２人は仲よくなれるでしょうか。｜ワークシートに書いた後，演技してみましょう。先生がますだくん役になります。みなさんはみほちゃん役になってください。

T （ますだくん役）　いろいろ意地悪してごめんね。いろいろ教えてあげたかったんだけど，迷惑だったかな。

C （みほちゃん役）　そうだったの。私こそごめんなさい。悪くばかり言って。

T （ますだくん役）　大丈夫だよ。お気に入りの鉛筆，折れてしまってごめんね。

C （みほちゃん役）　今度から気をつけてね。

T ありがとう。今度は２人ペアでやってみましょう。

T （ペア学習の後）　代表で何人かのペアに前に来てやってもらいます。

T （全体の前で役割演技の後）　やってみてどうでしたか。

C （みほちゃん役）　ますだくんはそんなに悪い人じゃないと思った。➡自分の考えを相手にちゃんと伝えたほうがいいと思いました。

C （ますだくん役）　みほちゃんに気持ちがわかってもらえてうれしい。➡言い方は気をつけたほうがいいと思いました。

■**終末** 〉〉〉

T 今日の授業ではどんなことを考えましたか。

C お互いに相手の気持ちを考えて，喜んでもらえるようにすることが大事。

T 人の気持ちというのは，なかなか伝わりにくいものです。行動が誤解されたりすることもあります。気持ちを上手に伝えるためには，友達を理解しようとする気持ちが大切です。自分の思いだけではなく，お互いにわかり合おうとすれば，きっとわかってもらえます。今度，友達とお話をするときに，気をつけてみてね。

❾ 評価の実際

　みほちゃんとますだくんの立場から，２人の不仲問題を解決する過程を評価する。みほちゃんの立場であれば，一方的にますだくんを批判するだけでなく，ますだくんの言い分や優しさにも気づいた点を認める。また，ますだくんの立場であれば，みほちゃんに嫌われないような接し方を考えた点を認める。

　実際に役割演技してみて，みほちゃんやますだくんの立場から仲よくできる方法を具体的に考えられた点を評価する。みほちゃんには感情移入できても，ますだくんには感情移入できない子がいたが，役割交換をすることで両者の考えを表現できていた。

　日常生活において友達とトラブルがあった際に，本時の授業を活用・応用できているかを観察して評価する。男児と女児の間のトラブルでも，すぐに先生に言いに来ないで，自分たちで話し合い，解決しようとする姿が多く見られるようになった。

4 「モムンとヘーテ」

低学年［2年生］

出典先 光文書院，原作は松坂忠則の『ふたりの小人』

福田　尚巳

> これは友情 B-9 と公正・公平 C-11 の間における葛藤をテーマとして話し合う道徳授業である。モムンは栗の実を独り占めした意地悪なヘーテに憤りを覚えつつも，ヘーテが洪水でピンチの際はどのように振るまったらよいかを考える。

❶ 児童の実態

　2年生のクラスでは明るく元気で活発な子が多い反面，自分の思いばかり主張する子も増えてくる。競争の場面になると，勝ちたいばかりで，仲間に対してきつい言動をしてしまう姿が見られる。それが原因となって友達関係でトラブルを起こしたり，自分の思いが通らないからと，すねたりする子もいる。

　事前調査として道徳意識アンケートを行うと，自分の目先の欲求しか考えない児童が多く，そうした言動に傷ついている児童もいることがわかる。相手が困っているときこそ，相手の心情や立場を理解して，思いやりのある行動をとれるようにしたい。

❷ 主題の設定

　集団生活をするうえで，互いを思いやり助け合うことはとても大切なことである。友達がいるからこそ生活が楽しくなり，友達と助け合うからこそ，そこに新しい力が生まれ，大きく成長できるからである。

　自分のことばかりだけでなく，相手のことを考え，共に助け合おうという気持ちをもち，友達の存在によって大きく成長できることに気づけるようにしたい。

　喧嘩しているときでも，相手が窮地に陥っているときは，手を差し伸べられる優しさや思いやりをもてるようにしたい。

●関連する内容項目： B-6 （思いやり）， B-9 （友情，信頼）， C-11 （公正，公平）

❸ ねらいの設定

　大きなねらいは，友達について考え，お互いの思いや考えが違っても，相手を思いやり，助け合おうとする態度を育てることである。

　教材に即したねらいは，モムンとヘーテの立場から，自分や相手の気持ちを考えることを通して，互いを思いやり助け合って問題を解決し，友達のよさを見つけることができるようにすることである。

　個々の子どもに即したねらいは，好きではない相手だと無関心な態度をとりやすいところで，相手の困った心情を理解して助け合えるようにすることである。

❹ 教材の概要

教材「モムンとヘーテ」

> ① 森の中に2人の小人，モムンとヘーテが住んでいた。秋のある日，モムンとヘーテは栗を1つ見つけた。2人は大喜びで，シャベルで中の実を取り出したが，ヘーテは栗の実を独り占めし，モムンには2つの皮だけあげた。

> ② 次の日，大雨が降り，森の中が沼のようになった。モムンは1つの皮に荷物を乗せ，もう1つの皮に自分が乗り，大きな木の根元に上がった。ヘーテも泳いで同じ根元に上がった。2人は口もきかないで離れていたが，水が増えてきたので，2人はくっついた。「昨日のことごめんね」とヘーテが言ったが，モムンは黙っていた。「君は船でどこかへ逃げていったほうがいいよ」と言っても，モムンはしばらく黙っていた。

> ③ モムンが「一緒に逃げよう」と言った。ヘーテが「だって，1つの栗の皮に，2人は乗れないよ」と言うと，モムンは「いや，荷物は　捨てるんだ」と言った。2つの栗の皮の船は，小人を1人ずつ乗せて，木の根を離れていった。

❺ 教材の分析

　この教材には，「ヘーテが栗の実を独り占めしたという意地悪な行為」と，「意地悪されたモムンが悩んだ末に親切な行動をした」ところに道徳的問題が考えられる。

　「意地悪をされたモムンが黙っている」ところにその悩みが感じられる。モムンの「悔しい」気持ちと，さらには，「仕返しとして見捨てよう」とする気持ち，「相手を許し，助ける」という気持ちの葛藤があると考えられる。

　「ヘーテの栗の実の分け方」が正しいのかを考えさせ，その意地悪さを十分に感じさせたうえで，ヘーテの「自分の行きすぎた行動を反省する気持ち」や「相手を気遣う思いやり」のある言動も考慮しながら，モムンが何を悩み，どう解決すべきかを考えさせたい。

　そのために，分割して教材を提示する。「許さず，見捨てる」，「許して助ける」，「そのほか」で自分だったらどうするか，その結果相手はどんな気持ちになるのかを考えさせ，問題を解決する方法を構想する。

❻ 学習指導展開案

(囲みは中心発問, 下線は重要な発問)

	基本発問と予想される児童の反応	指導上の留意点
導入	1．友達について話し合う。 ● みんなは，どういう人を友達というかな。 　＊優しくしてくれる人。 　＊困ったときに助けてくれる人。	・具体的にどんなときに友達と思ったのかを聞くようにする。
展開前段	2．教材「モムンとヘーテ」の①〔栗の皮を残し中身を持っていってしまうところまで〕を読む。 ● <u>ここで困ったことは何かな。</u> 　＊ヘーテが勝手に持っていってずるい。 　＊モムンが少しももらえずかわいそう。 3．教材の②〔モムンが口を開こうとしないところ〕を読む。 ● モムンはどうしたらよいか。 その結果どうなる。 　1案…ヘーテを許さず，仕返しをしよう。 　　➡自分はいいけど，ヘーテは助からない。 　2案…ヘーテを許して助ける。：友達だから。 　3案…ちゃんと謝ったら許してあげる。：気持ちよく仲直りできるから。 4．教材の③を読む。 ● モムンが「一緒に逃げよう」と言ったのはなぜか。 　＊ヘーテのことが大事だったから。 　＊ずっと友達でいたいから。	・「モムンとヘーテ」の教材を3分割して提示する。 ・栗の実の分け方がこれでよいか尋ね，どう分けるべきかも考えさせる。 ・何を悩んでいるのかを考えるようにする。 ・ヘーテの立場から，反省する気持ちを理解できるようにする。 ・役割演技をしながら，気持ちを考えるようにする。 ・モムンの行動のよさを味わう。
展開後段	5．自分たちの生活と関連づける。 ● 今度の野外活動でどのように取り組みたいですか。 　＊苦手な子がうまくできるように作戦を考える。 　＊助け合う。 　＊意地悪しない。	・身近なことで思い出すようにする。 ・友達の力ってすごいことに気づく。
終末	6．教師の説話 ● 今日の授業で何を考えましたか。 　＊ピンチのときに友達が大事なこと。 　＊意地悪しないで助け合うこと。	・具体的な方法を選んでワークシートに丸を付ける。 ・決めためあてを毎時間カードで振り返るようにする。

❼ 評価のポイント

　栗の実を独り占めしたヘーテが洪水で窮地に陥った際，モムンはどうしたらよいかについて考え，みんなで適切に解決する過程を評価する。楽しいときの友情だけでなく，窮地に立たされたときの友情の示し方について考えられたかを評価する。

　授業の数日後に予定される野外活動で，友達と助け合い協力し合うことができるかを評価する。

ワークシート　　「モムンとヘーテ」

2年　　組　　番　名前

1. モムンは，どうするでしょう。番ごうに○をつけましょう。
    1. ヘーテをゆるさない。
    2. ヘーテにしかえしをする。
    3. ヘーテをゆるす。
    4. ヘーテをたすける。
    5. そのほか

    そう思ったわけを，書きましょう。

    [   ]

    そうすると，その後どうなるかな。

    [   ]

2. これからの生活で，あなたは友だちとどのようにつき合いたいですか。つぎの中から○をつけましょう。
    1. いやなことを言わない。
    2. ちゅういをされたら，おこらず聞く。
    3. しっぱいしても，声をかけてはげます。
    4. アドバイスする。
    5. にが手な子が，できるように，さくせんを考える。

3. 今日のじゅぎょうで，考えたことを書きましょう。

    考えたこと

❽ 指導の実際

■導入 〉〉〉

T みんなは，どういう人のことを友達というのかな。
C 一緒に遊ぶ子。
C いつも優しくしてくれる子かな。
C 困ったときに助けてくれる人が友達だと思います。
T 友達と助け合えてよかったなと思うことはありますか。
C 友達がいろいろ教えてくれたので，コマ回しができるようになりました。
T 友達と助け合えずに，困ったことはありますか。
C ドッジボールのとき，自分だけ逃げて友達を助けることができなかった。
T みんなにはそういう友達がいるんだね。今日は友達の話です。

■展開前段 〉〉〉 ※教材の①（栗の皮を残し中身を持っていってしまうところまで）を読む。

T <u>ここで困ったことは何かな。</u>
C ヘーテが中身を全部持っていって，ずるいことです。
T どうしてずるいのかな。
C 一緒に栗を拾ったのに，中身は自分だけもらうのは，ダメだと思います。
C モムンが少しももらえず，かわいそう。

※教材の②（モムンが口を開こうとしないところ）を読む。

T <u>ここでは何が問題になっていますか。</u>
C 大雨で逃げなければならないのに，ヘーテには船がないから。
C モムンは栗の皮の船を２つ持っているけど，ヘーテには貸したくないと思う。
T どうして貸したくないのかな。
C 栗を拾ったとき，ヘーテは中身を独り占めしたから。今度はモムンが独り占めする番だと思う。

T | モムンはどうしたらよいかな。そうすると，その後どうなるかも考えてください。 |

C１案 何もしない。ヘーテを許さず，仕返しをする。：今度はぼくがよい思いをする番だから。➡モムンは助かるからいいけど，ヘーテは助からないから心配だな。
C２案 ヘーテに船を貸してあげる。：友達だから。
C それじゃ，人がよすぎるよ。またヘーテに意地悪されるかもしれないじゃないか。
C それでも，大切な友達をなくすよりはいいよ。
C３案 きちんとヘーテが謝ってきたら許してあげる。：今度から，どんなときも２人で分け合うと約束する。➡何かあったら助け合ったほうがいいからね。

C　ヘーテは口だけの約束になるかもしれないよ。
T　もし自分がヘーテだったら，どうしてほしいかな。
C　今度だけは許してほしいよ。命がかかっているからね。➡「次からは，ちゃんと仲よくするからお願い」って言えばどうかな……。
　※**教材の③を読む。**
T　モムンが「一緒に逃げよう」と言ったのはなぜだろう。
C　ヘーテのことが大事だったから。
C　ずっと友達でいたいから。ここで別れたら，もう一生会えないかもしれない。

■展開後段 》》》

T　これからの生活で，友達とどのように付き合いたいですか。
C　苦手な子がいたら，うまくできるように，助けてあげる。
C　いやなことを言わないで，励まし合う。食べ物はちゃんと分け合う（笑）。
T　そうしたら，どんなよいことがありますか。
C　みんな楽しい思いをする。➡困ったとき，今度は自分が助けてもらえるかも。

■終末 》》》

T　今日の授業でどんなことを考えましたか。
C　友達はどんなことがあっても大事にしたい。
C　喧嘩しているときでも，困ったことがあれば仲直りして助け合いたい。
T　人は一人では生きていけません。困ったときは，お互いに思いやり，助け合える仲間でありたいですね。

❾ 評価の実際

　栗の実を独り占めしたヘーテが洪水で窮地に陥った際，モムンはどうしたらよいかについて，各自が意見を出し合う過程を評価する。初めは，意地悪なヘーテに対する反感の強い意見が多いが，徐々にかけがいのない友達としてヘーテを思いやる気持ちに変わっていくところを認める。

　楽しいときの友情だけでなく，窮地に立たされたときの友情のあり方について考えを深められたか評価する。「やられたら，やり返す」という考えではだれも幸せになれないことから，相手の窮状を踏まえた真の友情のあり方を考えている点を認める。

　授業の数日後にあった野外活動では，友達と助け合い，協力し合って行動できるか評価する。実際には，友達と積極的に助け合い，思いやる様子がうかがえた。その後，子どもたちが野外活動を振り返り自己評価した。そのなかには喧嘩した友達とも，最後は仲直りして助け合えた経験を自己評価する子どもの姿もあった。

低学年［2年生］

5 「だれのをさきにしようかな」

出典先 文溪堂，森のしたてやさん

高橋　有津美

これは公正・公平と思いやり・友情の対立をテーマにして，教材「だれのをさきにしようかな」を用いた問題解決型の授業。ウサギの洋服屋さんが先に約束をした客，怖い客，親しい客の中で，だれの依頼を優先するかを考える。後半では応用問題として，本の貸し借りについて考える。

❶ 児童の実態

　本学級は1年生からの持ち上がりのため，学級内の人間関係もできてきている。仲のよい友達同士の付き合いや，気の合った子とグループをつくりながらの遊びや活動はよく見られる。仲のよい友達のことを理解し助けてあげようと行動できる子も多い。

　しかし，相手との力関係で自分の行動が左右される面もある。例えば，先に遊ぶ約束をした子がいるのに，後から自分より強い子や仲のいい子に誘われて，ふらりと行ってしまうようなことがよく起こる。自分の目先の欲求や権利を優先し，強者の言うことには従うが，身近な他者や弱者の欲求や権利に配慮できないところがある。

❷ 主題の設定

　集団の生活において，秩序や和を保つためには，自分の好き嫌いや損得にとらわれず，みんなと仲よく公平な態度で，社会生活を営まなければならない。そのためには，相手の立場に立って，相手の気持ちを汲み取ることが大切である。物事の判断も自分の都合の良し悪しで決めるのではなく，だれが見ても納得のいく公正・公平な態度で決めることが大切である。

　なお，すべて同じ扱いをすることが公平だと考えられがちだが，年齢や性差など条件の違いによって，扱いに違いがあることにも授業の終末で目を向けさせたい。

●関連する内容項目： C-11 （公正，公平）， B-6 （親切，思いやり）

❸ ねらいの設定

　大きなねらいは，偏見をもたないで，だれに対しても公正・公平に接する態度を養うことである。

　教材に即したねらいは，洋服屋であるウサギや，お客であるサル・キツネ・コグマの立場に立って考えることで，だれが見ても公正・公平な判断する能力を養うことである。

　個別の児童に即したねらいは，いつも仲のよい友達ばかり優先する態度から，ほかの級友とも公正・公平に付き合える態度になることである。

❹ 教材の概要

展開前段の話

　ウサギさんの洋服屋へおサルさんが来て、「明日は誕生会だから、急いで服を作って」と言った。ウサギさんは一番先に作ると約束した。次に、キツネさんがやって来て、「パーティに着て行く服を早く作って」と言った。キツネさんは意地悪なので、早く作ろうと思った。3番めにコグマさんがやって来て、「ピクニックに行くための服を作って」と言った。コグマさんは仲よしなので、先に作ってあげようと思う。ウサギさんはだれのを先にするか迷ってしまう。

展開後段の話

　私が本を読んでいると、えいこさんから「その本、読み終わったら、貸してね」と言われました。「うん、いいよ」と答えました。
　次に、乱暴なあきらくんが「その本、貸してよ」と言ってきました。「う、うん」と答えました。
　3番めに、仲よしのあさみさんから「私も、すぐ読みたい」と言われました。どうしたらよいでしょうか。

（自作資料　柳沼）

❺ 教材の分析

　展開前段の教材の道徳的問題は、洋服屋のウサギが3匹の動物（サル、キツネ、コグマ）に洋服の仕立てを頼まれたときに、だれの洋服から作るべきか悩むところである。そこで、授業を展開するにあたっては、動物1匹ごとに場面を区切り、「ウサギはだれの服を一番先に作るべきか」「自分だったらどうするか」について考えることにする。

　サルは、一番初めに頼みに来たし、明日が自分の誕生会ということなので、優先して服を作る必要がある。しかし、2番目に来たキツネは、洋服を早く作らないと意地悪するかもしれないので、優先順位を入れ替える必要がありそうである。3番目に来たコグマは、ウサギと仲よしであるため、優先してあげたい気持ちもある。こうした諸事情や3つ以上の解決策を比較検討して、ウサギの立場からどのように問題を解決したら公正・公平になるかを判断できるようにしたい。話し合いでは、だれもが納得できる順番や解決策はないかを考えるようにする。どのような意見の人を後回しにしたり断ったりすべきかも合わせて考えさせたい。

　展開後段の教材は、前段と共通したテーマを提示している。自分が持っている本をだれにどのような理由で貸すべきかを話し合う必要がある。

❻ 学習指導展開案

(囲みは中心発問，下線は重要な発問)

	基本発問と予想される児童の反応	指導上の留意点
導入	1．公正・公平について考える。 ●自分がしてもいいことと悪いことを考えて，ワークシートに記入しよう。	・自分の利害だけ考えると，人に迷惑をかけることがあることを考えさせたい。
展開前段	2．「だれのをさきにしようかな」を読む。 ●ここで困ったことは何かな。 ＊みんなのを早く作りたいけど，できないこと。 ● ウサギはサル，キツネ，コグマの中でだれの洋服を先に作ればよいでしょうか。 ＊頼まれた順番だから，サルの洋服を作る。 ＊キツネは，怖いから先に作ったほうがいい。 ＊コグマは仲よしだから，先に作ってあげたい。 ＊頼まれた順に作ったら，みんなが納得する。 ●ほかの人たちにはどう断りますか。 ＊早い順番で作ります。 ＊みんなのも急いで作るからね。	・動機と結果の両方を考えさせる。 ・登場人物に合わせて，3つの場面に分けて考える。 ・サル，キツネ，コグマそれぞれの立場に立って考える。 ・みんなが納得するような解決策がないか考える。 ・断り方も考える。
展開後段	3．日常生活に即した練習問題をする。 ●自分が借りている図書館の本を，次に借りたいという友達が複数いたらどうするか考えよう。 ＊先に「借りたい」と言った子から貸す。 ＊事情を話して，借りたい子で順番を決める。 ＊学校で一緒に読む方法もある。	・「だれのをさきにしようかな」の話を図書館の本の話に生かせるようにする。
終末	4．授業のまとめをする。 ●不公平にならないようにするためには，どんなことに気をつけたらいいでしょう。 ＊自分の好き嫌いで順番を決めない。 ＊バスや電車の席は，早い順から座るのがいいのでなく，弱者に配慮することも必要。	・日常生活の中で起こりうる場面をさまざまに想定しつつ，自分の利害だけでなく，だれが見ても納得のいく解決策を考えることが公正・公平につながることを確認する。

❼ 評価のポイント

　仲のよい友達（コグマ）への思いやりや怖い客（キツネ）への卑屈さを考えつつも，順番を守って仕事をすることの大切さについて考えを深められたかを評価する。

　公正・公平について理解を深めることができたかを評価する。だれに対しても分け隔てなく接することの大切さを自覚できている点を認める。

　展開前段の「だれのをさきにしようかな」を，展開後段の「本の貸し借り」に関連づけ，さらに日常生活にも関連づけ，この授業を活用・応用できているかを評価する。

ワークシート「だれのをさきにしようかな」

2年　　組　　番　名前

1．人にしてもいいこと，わるいことを，書きましょう。

人にしてもいいこと
人にしてわるいこと

2．さる，きつね，こぐまのだれを，さきにすればいいかな。

	じゅん番	りゆう	どうなるかな
さる			
きつね			
こぐま			

3．わたしが，本を読んでいると，えいこさんから「その本，読みおわったら，かしてね」と言われました。「うん，いいよ」と答えました。
　つぎに，らんぼうなあきらくんが「その本，かしてよ」と言ってきました。「う，うん」と答えました。
　3番めに，なかよしのあさみさんから「わたしも，すぐ読みたい」と言われました。どうしたらよいでしょうか。

❽ 指導の実際

■導入 >>>

T みなさんは，周りの人のこともきちんと考えながら，生活できていますか。例えば，鉛筆削りに並ぶのは，うちのクラスでもよく見るね。

C ちゃんと並んでいます。

C 横入りする子もいます。

T そうですね。不公平があると，いやな思いをさせてしまったり，迷惑をかけてしまったりすることがありますね。人にしてもいいこと，悪いことをワークシートに書いてみましょう。

C 人にしてもいいことは，相手に喜ばれること。➡約束をしていること。

C 人にしてはいけないことは，相手にいやな思いをさせること。➡物を取ったり，悪口を言ったりすること。➡横入りもよくないよ。

T 今日のお話では，同じようなことでウサギの洋服屋さんが悩んでいるようです。

■展開前段 >>> ※教材「だれのをさきにしようかな」を読む。

T サル，キツネ，コグマが洋服の仕立てを頼みに来ました。ここで困ったことは何かな。

C ウサギがみんなに急いで作ってあげると約束したこと。

C 怖いキツネを先にするのは，よくないと思う。

C コグマも，仲よしだからって先にするのはどうかな……。

T それでは，ウサギはだれの洋服を先に作ればよいでしょうか。ワークシートに書いてみましょう。どうしてそう思うか，わけも教えてください。

C １案 サルの洋服を先に作る。：一番先に頼まれたから。➡サルは少しくらい遅れても大丈夫かもしれないよ。そんなに仲よくないし……。➡順番を抜かされたら，今度はサルが怒るよ。

C ２案 キツネは，怖いから先に作ったほうがいい。➡嫌いなキツネなら，後でもいいかもね。➡キツネは自分のを先に作らないと，かみつくと思う。

C ３案 コグマは仲よしだから，先に作ってあげたい。➡サルやキツネはそれをどう思うかな。➡だめだよ。キツネやサルは後にされていやな思いをするよ。

T ウサギ，サル，キツネ，コグマ，みんなが納得できる方法はないかな。隣の人と話し合ってみましょう。

C やっぱり，頼まれた順にして，サルを先にしたほうがいいよ。好きだからって先にしたり，嫌いだからって後にしたりするのは，よくないよ。➡そうだね。うん。

C キツネがパーティに行くのはいつなのかな。それから，コグマがピクニックに行

く日も聞いたほうがいいよ。急がないなら，明日が誕生日のサルさんの服を先に
　　つくればいいよ。
T　それなら，ほかのキツネやコグマには何と言って断りますか。
C　「私のお店は，早い順にやりますので，みなさんのも順番に作りますよ」と言う。
C　注文を受けるときに，そう言えばよかったんだと思う。後で言うのはどうかな。

■**展開後段** 》》》 ※次に「図書館の本」を自作教材として提示する。（ワークシート参照）
T　みんなだったら，えいこさん，あきらくん，あさみさんのだれに本を先に貸して
　　あげますか。ワークシートに書き終わったら，考えを聞かせてください。
C　やっぱり頼まれた順番のほうがいいから，えいこさんに貸してあげると思います。
T　そうですね。ほかにも方法が考えられますか。
C　早く読みたいわけを聞いてみるのもいいかもね。
C　学校の図書館で，みんなで一緒に読んでもいいんじゃないかな。
T　一番いい方法をいろいろ考えることが大事ですね。

■**終末** 》》》
T　不公平にならないようにするためには，どんなことに気をつけたらいいでしょう。
C　好き嫌いでひいきしない。➡順番を守る。
T　順番を守ることも大切ですね。でも，バスに乗ったとき，自分が先に座っていた
　　ところにお年寄りや小さい子が来たらどうしましょう。
C　そのときは席を替わってあげたらいいと思う。➡寝たふりしてもわかる。
T　そうですね。いくら順番といっても，年齢や体の様子などを思いやって行動する
　　ことも考えていけるといいですね。自分だけでなく周りの人々が気持ちよく過ご
　　していけるように心がけていくことが大切ですね。

❾ 評価の実際

　話し合いの当初は，仲のよい友達（コグマ）を優先したり，怖い客（キツネ）を優
遇したりする選択肢もあげられたが，すぐ順番を守って仕事をすることが大事である
ことで納得し合えた点を認める。
　仲のよい友達を優先する傾向はあるが，順番を守ることが公正・公平であることを
理解することができた点を評価する。
　展開後段の「本の貸し借り」でも，仲の良し悪しではなく，順番を優先することが
できた点を認める。また，日常生活においても，この授業で学んだ公正な対応を実践
できている点を評価した。

6 低学年［2年生］ 「なまけにんじゃ」

出典先 光文書院

小野　祐子

これは節度・節制をテーマにして「なまけにんじゃ」を用いて作成した道徳授業である。自分の欲望のまま自由に怠けて過ごしたい心と，節度をもって行動しようとする心の葛藤を取り上げる。怠け心を「なまけにんじゃ」として外在化し，その対策を役割演技しながら考えてみる。

❶ 児童の実態

2年生になると，かなり自分の気持ちや行動をコントロールできるようになってくる。しかし，周囲の誘惑に負けたり，自分の怠け心に勝てずに節度を欠いた行動をしたりすることもまだ多い。そのため，けじめのある生活をしたいという気持ちがあるにもかかわらず，できないことがあり，後悔しがちである。

何度も同じ失敗を繰り返す児童には，反省させるだけでなく，将来の行動目標を具体的に考えられるように支援することが大事になる。

❷ 主題の設定

怠け心やわがままな心はだれにでもあるが，我慢する心やがんばる心をもち，けじめのある生活をすることは大切である。そこで，やるべきことを行うためには，我慢する心やがんばる心が必要なことに気づかせるとともに，自分を律するための方法を考えられるようにしたい。

発達段階でいうと，目先の利益や勝手気ままな行動の欲求しか考えないレベルから，自他の欲求や権利を自主的に調整して問題解決しようとするレベルへの上昇を目指す。心理学でいう怠け心を「なまけにんじゃ」として外在化することで，2年生でも自分の課題に明るく取り組めるようになる。

●関連する内容項目： A-3 （節度，節制）， A-5 （努力と強い意志）

❸ ねらいの設定

大きなねらいは，身の回りを整え，わがままをしないで，規則正しい生活をする強い意志をもつことである。

教材に即したねらいは，自分の身になって問題解決をすることで，怠け心やわがままに負けないで，けじめのある生活をしようとする実践意欲を育むことである。

個別の子どもに即したねらいは，いつも宿題を忘れたり，掃除を忘れたりする態度がもっと前向きで目標をもって行動できるようにすることである。

❹ 教材の概要

> ぼくの部屋のすみっこに,「なまけにんじゃ」が隠れている。
> ぼくが勉強をしていると,「なまけにんじゃ」がやってきて,「テレビをつけてくれ」と誘ってくる。そこで,ぼくは,ついテレビを見てしまう。
> ぼくが掃除を始めると,「なまけにんじゃ」がやってきて,「どうせ汚れるから,やめなされ」と言う。ぼくは,掃除をやめてしまう。
> 「なまけにんじゃよ,どこかへ消えてくれ!」とぼくは叫ぶ。

❺ 教材の分析

　この教材の道徳的問題としては,「ぼく」が「なまけにんじゃ」からの誘いにのるか,のらないかである。道徳的価値としては,「節度ある生活態度」「勤勉・努力」に着目することになる。

　この教材に登場する「なまけにんじゃ」とは,子どもたち一人一人の心の中に住んでいる「怠け心」である。こうした外在化された「なまけにんじゃ」の甘い誘惑に勝つも負けるも,自分の心の強さ次第であることを子どもたちに気づかせたい。そして,自分たちの心の中にいる「なまけにんじゃ」に勝つための方法を,具体的に考えられるようにしたい。

　子どもたちがやりたいことをすること自体は悪くないが,いつも欲望や気持ちのおもむくままに行動して,やるべきことをしないでいることは問題である。そこで,「ぼく」の立場からどのように問題解決すればよいか考えることになる。

　やるべきことはしっかりと行い,けじめのある生活をすることの大切さを理解できるようにする。

　教材では「なまけにんじゃよ,どこかへ消えてくれ!」と「ぼく」が叫んでいるが,具体的にどのような心構えをすれば,怠け心に勝てるかを話し合いたい。怠けようとする弱い心を打ち消して,目標に向かってがんばる強い心を養いたいところである。

❻ 学習指導展開案

(囲みは中心発問, 下線は重要な発問)

	基本発問と予想される児童の反応	指導上の留意点
導入	●テレビを見ているとき, 部屋を片付けるように言われたら, どうしますか。 ＊いやだから, やらない。後でやる。 ●すぐやったほうがいいのではないかな。 ＊でも面倒だもの。	・事前にアンケート調査をやっておき, それと同じ質問の1つを導入で使う。
展開前段	1．「なまけにんじゃ」の前半を読む。 ●ここで何が問題ですか。 ＊勉強中なのに誘われてテレビを見たこと。 ●みんなだったらどうしますか。 ＊テレビを見る。：勉強は後でやる。 ＊テレビを見ない。：勉強が大事だから。 ＊時間を決めて勉強し, 後でテレビを見る。 2．「なまけにんじゃ」の後半を読む。 ●今度は何が問題になっていますか。 ＊掃除をするか, どうせ汚れるからやらないか。 ●主人公はどうすればいいと思いますか。 ＊誘いにのらないで, 掃除する。 ＊掃除しない。：すぐ散らかるから。 ＊自分できまりをつくる。：時間を決める。	・教材を問題場面で分割して提示する。 ・何が問題か, どうすればよいかをじっくり考える。 ・類似の問題で応用してみる。部屋掃除を先にするか, 先延ばしするかを考え, その結果も考える。
展開後段	●先生が「なまけにんじゃ」になって, みんなのところに行きますので, 話をしてください。 ＊にんじゃ役…宿題せずにテレビを見よう。 ＊子ども役…宿題を先にしたほうがいいよ。 ＊にんじゃ役…片付けなんてしなくていいよ。 ＊子ども役…早く片付けたほうが気持ちいいよ。	・ワークシートに記入する。 ・上手に「なまけにんじゃ」を追い払えたところを評価する。
終末	●これから「なまけにんじゃ」に負けないように, どんなことにがんばりたいですか。 ＊自分でルールを決めて, 守る。 ●今週は「けじめのある生活」をするようにしましょう。	・日常生活に関連づけて考える。 ・ワークシートに書き込む。 ・今後の道徳的実践に結びつける。

❼ 評価のポイント

「なまけにんじゃ」が来たら, どのように対処すればよいかについて考え, 判断し, 行動（役割演技）した点を評価する。

どうすれば節度・節制を身につけられるかについて, 子どもたちが理解を深められた点を評価する。

日常生活で怠け心に負けず, がんばれたかを評価する。授業後の1週間の様子を自己評価するように設定する。

ワークシート

「なまけにんじゃ」

2年　　　組　　　番　名前

1. コンピュータ・ゲームにむちゅうになっているとき，へやのかたづけをするように言われたらどうしますか。それは，なぜですか。
   - (　) ゲームをやめて，へやのかたづけをする。
   - (　) 「あとで，やる」と言ってゲームをつづける。
   - (　) ゲームをつづけ，かたづけない。

   わけ

2. あなたが「ぼく」だったら，どうしますか。
   それはなぜですか。そうすると，どうなりますか。
   - (　) 「なまけにんじゃ」のさそいにのる。
   - (　) 「なまけにんじゃ」のさそいにのらない。

   わけ・・・・

   どうなる・・

3. 「なまけにんじゃ」がやって来たら，どう言えばいいでしょうか。

   なまけにんじゃ「しゅくだいなんてやめて，テレビを見ようよ」

   なまけにんじゃ「お手つだいなんかしないで，ゲームでもしようよ」

8 指導の実際

■事前調査 >>>

　事前にエゴグラムを行い，それぞれの子どもの特性を確認しておく。特に，FC（自由気ままさ）の高い子どもたちに注目し，授業においてその子どもたちの考えがどのように変容し，適切に問題解決できるかに注目する。

■導入 >>>

T　コンピュータ・ゲームに夢中になっているとき，部屋の片付けをするように言われたら，どうしますか。（ワークシートに記入する）
C　やらない。➡「後でする」と言う。➡怒られたらやる。
T　部屋の片付けはしたほうがいいと思いますか。
C　そう思う。➡きれいなほうが気持ちいいから。
T　やったほうがいいと思っても，できないことがあるのですね。
　　今日は「なまけにんじゃ」を読んで，考えましょう。

■展開前段 >>> ※教材で，ぼくが「なまけにんじゃ」に誘われてテレビを見てしまうところまで読む。

T　ここで何が問題ですか。
C　誘われて，テレビを見たこと。➡勉強の途中なのに，遊んだこと。
T　みんなが主人公だったらどうしますか。（ワークシートに記入）
C１案　テレビを見る。：いまやりたいことをやる。➡勉強は後ですればいい。
C２案　宿題を続ける。：いまやらなくてはいけないことをやる。➡テレビは後にする。
　➡先に勉強しておいたほうが気持ちいい。➡怒られるのはいやだ。
　　※ぼくが「なまけにんじゃ」に部屋の片付けなどしないように言われる場面を読む。
T　ここでも主人公は，困っていますね。どうすればいいと思いますか。
C１案　部屋の片付けをする。：後で困るのは自分だからがんばる。➡先にすませたほうがすっきりする。➡ほめてもらえる。
C２案　誘いにのる。：少しだけならいい。➡後でできるならいい。➡もしできなかったら，困る。➡怒られる。
T　いつも誘いにのっていたら，できないことが増えますね。どうしたらいいですか。
C３案　自分できまりをつくる。：時間を決める。➡両方できる。
T　いくつか出たけれど，どれが一番いいかな。
C　後で自分が困らないように，きちんと時間を決めて行動すればいい。

■展開後段 >>>

T　みんなの心にも「なまけにんじゃ」が住んでいませんか。「なまけにんじゃ」がやってきたら何と言えばいいでしょう。ワークシートに記入した後，役割演技します。

T （なまけにんじゃ役）宿題なんてしないで，テレビでも見ようよ。
C あっちへ行ってくれ。ぼくは宿題を先にやりたい。そのほうが気持ちよく遊べる。
T （なまけにんじゃ役）お手伝いなんかしないで，ゲームでもやろう。
C それじゃダメだよ。お手伝いをするのも大事だからね。
T 「なまけにんじゃ」に勝てたら，どんな気持ちですか。
C 「なまけにんじゃ」に勝つと，とても気持ちがいい。やることをやってから，好きなことをしたほうがみんな喜ぶ。

■**終末** 》》

T 「なまけにんじゃ」に負けないようにするためにはどうすればいいでしょうか。
C 先に宿題をやってから，遊んだりテレビを見たりします。
C ゲームをする時間を決めて，時間になったら宿題をすればいいと思います。
T 今週は「なまけにんじゃ」に負けないよう，けじめのある生活を心がけましょう。

■**事後指導**

T 1週間たちましたが，「なまけにんじゃ」に負けずに過ごせましたか。
C 手伝いをすすんでやった。➡ゲームを後にして，先に宿題をやったよ。
T やってみてどうでしたか。
C やることを先にやったので，気持ちよかった。➡ほめられてうれしかった。
T これからも，「なまけにんじゃ」に負けないようにしていきましょう。

❾ 評価の実際

　「なまけにんじゃ」が来たら，どのように対処すればよいかについて考え，判断し，役割演技した点を評価する。実際には，「なまけにんじゃ」のペープサートに対して，「あっちへ行ってくれ。宿題をしてからテレビを見たほうが気分いい」「掃除をするとすっきりするよ」などと具体的で前向きな発言が多く出た点を認める。

　子どもたちは「節度・節制」を意識した発言が多く，「弱い心に負けない」「なまけにんじゃの誘惑に負けない」と前向きに発言していたところを評価する。いつも好き勝手に行動している子どもが，けじめのある生活をしようと心がけた点を認める。

　日常生活でも怠け心に負けず，節度のある生活を送れるようがんばれたかを評価する。授業後の1週間では，目標や課題をもって努力しながら，誠実に実行しようとする姿を認めることができた。

7 中学年［3年生］
「名前のない手紙」
出典先 文溪堂

寺田　志貴

これは友達からの同調圧力と公正・公平な考えで葛藤することをテーマにした問題解決型の道徳授業である。いじめの場面で被害者と傍観者は，どうしたらよいかを考える。強い子たちからの同調圧力があるなかで，いかにして被害者を思いやり公正・公平に振るまえるかを考えたい。

❶ 児童の実態

　子どもたちはお互いのよいこと見つけが好きで，友達のがんばっている姿をよく見つけ，日記や手紙などで認め合えたり，友達の意見を聞こうと心がけたりできる。一方で，自分たちを見つめることは苦手で，望ましい行動がわかっていても，それを実行に移すことがなかなかできない。

　また，子どもたちは「相手を思いながら自分の思いを伝える」ことが苦手である。自分の思いにばかり走ってしまったり，自分の思いを封じ込めて我慢してしまったりする。腹を割って話し合えばちゃんと思いは伝わるのに，そういう経験が少ないようで，人との交わりを怖れているかのように見えるときがある。

❷ 主題の設定

　だれしも自分がいやな目に遭うのは避けたいものである。しかし，自分に災いが降りかかってくるかもしれなくても，仲間がつらい思いをしていれば，自分ができることは何かを考え手を差し伸べることができる人間になってほしい。そこで，公正・公平な態度について考え，互いが幸福になれる解決策を考えられるようにしたい。発達段階でいうと，自分の保身しか考えないところから，自分の行動が相手に与える影響を考え，仲間の思いを尊重できるところへの上昇を目指す。

　教材では，権力がある子からいじめを命令されたとき，ただ従うだけでなく，いろいろな解決策を考えられるようにしたい。自分の保身を考えていると，人間としてあるべき温かさに欠け，仲間につらい思いをさせてしまう。自分のできるやり方で，お互いに幸せになる方法を考え，実践できるようにしたい。

●関連する内容項目： B-10 （相互理解，寛容）， C-12 （公正，公平，社会正義）

❸ ねらいの設定

　大きなねらいは，友達と互いに理解し合い，公正・公平な態度で接することである。
　教材に即したねらいは，強い子からいじめの指令が出されたとき，「私」や傍観者はどのように解決するかを考え，適切な判断ができる能力を養うことである。

❹ 教材の概要

> 【前半】私（明子）は苦手な理科のテストでよい成績を取り大喜びする。先生からも励まされたので，次はもっとがんばるとみんなの前で伝えた。その後，クラスのみんなが私と口をきいてくれなくなった。リーダー的な存在の光子がみんなに私と仲よくしないように指令を出したことがわかる。明子と光子はもともと仲よしであったが，理科のテストで光子は悪い点数だったらしい。

> 【後半】ある日，私の筆箱の中に名前のない手紙が入っていた。そこには「光子さんの言うとおりにしていたけれど，明子さんを嫌っているわけではない」という内容が記されていた。転校していく吉野さんがお別れ会で，「何も理由はないのに，みんなの真似をして明子さんを仲間はずれにして反省している」と謝った。教室のあちこちで自分もそうだと言い合い，この日を境に「私」の独りぼっちは終わった。

❺ 教材の分析

　ここで道徳的問題となるのは，テストでよい点数を取った者に対していじめを行うことである。特に，いじめの指令を受けた側の人間は，どうしたらよいかが課題となる。ここでは，相手に対する友情や思いやりをもつこと，正しいことはきちんと主張する勇気，だれに対しても等しく公正・公平に接することという価値も存在する。ここでの優先順位は，第1に友情とし，次に思いやり，勇気，公正・公平としたい。

　光子の指令をきけば，「私」はつらい思いをすることになる。逆に，命令をきかなければ，次は自分がいじめの対象にされてしまうかもしれない。教材では「名前のない手紙」を差し出すことで，陰ながら「私」の味方をするという設定になっている。「命令を断って，クラスメイトにもいじめはだめだと訴える」ことが最善の解決策だろうが，その強さはだれもがもっているものではない。まずは自分ができることは何かを考え，その解決策を選択し，どちらも幸せになれる方法を考えられるようにしたい。

❻ 学習指導展開案

（囲みは中心発問，下線は重要な発問）

	基本発問と予想される児童の反応	指導上の留意点
導入	1．友情について話し合う。 ●友達が困っていたら，どうしますか。 　＊慰めてあげる。 　＊助けてあげたい。 ●強くて意地悪な子が「その子が嫌いだから，助けるな」と言っても助けるかな。	・いままで起こった多くのトラブルに対し，自分はどんな働きかけをしてきたのか想起する。 ・自分の利害にかかわることには手をひく傾向があることを押さえる。
展開前段	2．「名前のない手紙」の前半を読む。 ●何が問題になっていますか。 　＊ささいなことで仲間はずれにすること。 ●　「私」はどうしたらよいと思いますか。 　＊光子と話し合い，つらい気持ちを伝える。 　＊手紙やメールを書く。：直接は言いにくから。 　＊友達や先生に助けてもらう。：自分一人では何ともならないから。 3．教材の後半を読む。 ●「名前のない手紙」をどう思いますか。 　＊うれしいと思う。 　➡転校するときでは遅すぎる。	・自分の立場だけでなく，その解決策をとれば「私」はどうか考えるようにする。 ・具体的にどんな方法があるのかつきつめて考えていく。 ・「なぜいじめはいけないのか」と補助発問をし，特定の子を集団で攻撃することは，けっして許されないことを確認する。
展開後段	4．教材と日常生活を結びつける。 ●<u>自分の学級で教材と同じようなことが起きたらどうすればよいだろう</u>。 　①どんな理由でも，いじめは止める。 　②だれかが止めようと強く言えばいい。	・「私」のよさも認める。相手のよさを認めることで学級もよい雰囲気になる。 ・ものの見方を捉え直すと，互いが幸せになれることを理解させる。
終末	5．今日の授業を振り返る。 ●いじめが起きたら，どうすればよいと思いますか。 　＊いじめにならないよう，話し合うべき。 　＊困った子を助けてあげたい。 ●いじめをなくすため，相手を思いやる「幸せたくさんキャンペーン」をやりましょう。	・受け止め方を変えると幸せにつながることもあるとわかったうえで，友達みんなが助け合い，「幸せたくさん」になれるように見通しをもつ。

❼ 評価のポイント

「名前のない手紙」にあるいじめ問題を，適切に解決する過程を評価する。

いじめ問題について，友情，思いやり，公正・公平の観点から考えを深められたか評価する。

授業後の「幸せたくさんキャンペーン」では，お互いが幸せになれることをよく考えて，積極的に取り組めたかどうかを評価する。

ワークシート

「名前のない手紙」

3年　　組　　番　名前

1. 友だちがこまっていたら，どうしますか。
   それを強い子に止められても，そうしますか。

2. この場面で，「わたし」（明子）は，どうしたらよいと思いますか。

	よいところ	こまるところ
①会って話し合う		
②手紙をわたす		
③友だちに相談する		
④先生に言う		

3. いじめが起きたら，どうすればよいと思いますか。

❽ 指導の実際

■導入 〉〉〉

T これまで友達が困っているのを見たとき，あなたはどうしていましたか。
C その友達を助けてあげた。「一緒にがんばろう」と声をかけた。
C 友達が泣いていたとき，慰めてあげた。
T もし強い子が「その子が嫌いだから付き合うな」と言っても助けたかな。
C 強い子に言われたら，何もできなくなるかもしれない。
C 強い子がいても関係ないと思います。ただ，後で面倒になるのは困ります。
T 今日はそうした問題を考えてみましょう。

■展開前段 〉〉〉 ※教材の前半を読む。

T <u>ここでは何が問題になっていますか。</u>
C テストでよい点を取った「私」（明子）を仲間はずれにすることです。
C 自慢するから，光子が明子を懲らしめようとしているのだと思います。
C それでも，何週間もみんなで口をきかないのはやりすぎじゃないかな……。
T 「私」（明子）はどうしたらよいと思いますか。 そうすることでよいこと，悪いことは何ですか。

C 1案　光子に会って直接話したほうがいい。：きちんと2人で向き合って，つらいことや仲直りしたいことを伝えれば，いじめを止めてもらえる。➡そう言えるだけの勇気が明子にはないのだと思う。➡光子が「自分は指示を出していない」と言ってきたらどうする？➡何人か証人を集めたほうがいい。

C 2案　電話か手紙で伝える。：言いにくいことでも，手紙なら伝わると思う。➡テストで自慢するなど，自分も悪いところがあるので，そこは改めると約束したほうがいいと思います。

C 3案　友達に助けを求める。：だれか助けてくれる友達がいるはず。➡「だれか味方になって」と言ったほうがいい。

C 4案　先生や親に相談する。：先生か親にきちんと相談したほうがいい。これはもう子ども同士では解決できない。➡先生や親も気づいていないかもしれない。➡先生は光子の肩をもつかもしれないので，親に言ったほうがいいと思います。

T この後，「私」のクラスメイトはどうしたでしょうか。
　　※教材の後半を読む。

T この話をどう思いますか。<u>自分が「私」のクラスメイトだったら，どうしますか。</u>
C たまたま転校する吉野さんがいてくれたからよかったものの，いなかったらこのいじめがずっと続いたと思う。これではよくない。
C もっと早くから勇気をもっていじめを止めるようにしたほうがいい。

C　しっかり話し合って，いじめがないようにクラスで協力したほうがいいと思います。

■**展開後段** 》》》
T　<u>自分の学級で教材と同じようなことが起きたら，どうすればよいだろう。</u>
C　どんな理由でも，いじめをしてよいわけはないと思います。
C　強い子が指令を出してきても，だれかが止めようとすれば，早めになくなると思います。「そういうのは止めようよ」とだれかが勇気をもって言ったほうがいいと思います。
C　「私」もこれに懲りて，いい点数を取ってもはしゃがないほうがいい。
C　陰でコソコソやらないで，お互いの気持ちを堂々と伝え合うことが大事だ。
T　互いに無関心にならず，困っている友達がいたら積極的に力になってあげたいね。

■**終末** 》》》
T　いじめが起きたら，どうすればよいと思いますか。
C　いじめの問題は根深いけれど，いろんな場合を考えて，いじめられている子を守ってあげることが大事だと思いました。
C　いじめを止める方法は，学級活動で話し合う手もあれば，面と向かって言い合うこともあると思う。方法はいろいろで，正解は１つじゃない。
T　お互いが幸せになる方法を考えることが大切なんだね。それでは，これから１週間，相手を思いやる「幸せたくさんキャンペーン」をしましょう。

❾ 評価の実際

　子どもたちが「名前のない手紙」に示されたいじめ問題を適切に解決する過程を評価する。傍観者の立場では，自分の保身だけ考えていじめを止められない状態から，いじめられている人の気持ちを考えて積極的に止めに入る状態へと考え方が深まった点を認めた。また，被害者の立場からも，どう行動すればよいかを切実に考えている点について認めた。

　友情や思いやりの観点から，いじめをなくすための具体的な行動を考えることができたか評価する。強い子に圧力をかけられても，公正・公平な態度で接することの大切さを自覚した点を認めた。

　授業後の「幸せたくさんキャンペーン」で積極的に取り組めたかどうかを評価する。授業後の１週間は「めあてノート」に自分ができた「幸せたくさん」を書いて，自己評価をした後に，ペアになって相互評価もした。

8 「水飲み場」

中学年［3年生］

出典先 文溪堂

これは公徳心をテーマとして，公共の場である「水飲み場」を題材に作成した授業である。公共の場を気持ちよく使いたいが，自分には関係のない汚物を掃除したくないという葛藤を取り上げ，よりよい学校生活を送るために一人一人がどのようなことを心がけたらよいかを考え，議論する。

❶ 児童の実態

自分の物は大切にできるが，みんなで使う場所や物については，ほかの人のことは考えずに，自分だけ使えればよいと思い行動する児童がいる。みんなで使う場所や物を大切にし，ほかの人のことを考えて使用できる児童が増えることを願いたい。

自分がしたことの対処はできるが，ほかの人がしたことへの対処は積極的にはできないことが多い。公共の場所や物を大切にしたいという意識はあるが，「自分がやったことか，ほかの人がやったことか」に対するこだわりも強い。自分がやらなくても，先生や用務員などだれかがやってくれるだろうという気持ちがある。

❷ 主題の設定

公徳心は，よりよい学校生活を営むうえで求められるものである。社会的なルールを守る，公共物を大切にする，公共の利益を損なわないように心がけるなどの「公徳」は，社会の一員としての自覚をもつことで初めて育つものである。「守る」という消極的なことだけでなく，より積極的に発展するように心がけることが必要である。

公共物が汚れているのは，自分のせいではない，だれかがきれいにするだろうという自分本位の考え方から，自分たちの使うところだから，自分たちできれいにしたほうがよいということに気づくようにする。公共のために働いた後の満足感に共感させ，よいことをすると気持ちがいいんだ，という実践意欲を高めたい。

●関連する内容項目： C-13 （公共の精神）， B-9 （助け合い），
　　　　　　　　　　 C-15 （集団生活の充実）

❸ ねらいの設定

大きなねらいは，よりよい学校生活を送るために，みんなで協力し合って楽しい学級や学校をつくろうとする態度を育てることである。

教材に即したねらいは，よしおの立場から，みんなで気持ちよく水飲み場を使えるようにするためにはどうすればよいかを考え，自分たちで使うところを大切にしようとする実践意欲を高めることである。

個々の子どもに即したねらいは，自己中心的で自分のことしか考えない傾向の子どもが，集団への貢献について考えられるようにすることである。

❹ 教材の概要

> 【前半】3年生の教室の前にある水飲み場で蛇口の水が少し出ていた。だれかが枯れた花を流し台に捨て，それが詰まって水があふれそうにたまっている。
> 　休み時間によしおが教室から出てきて，水を飲もうとしたが，顔をしかめて「わあ，きたない。水を飲むのは止めた」と言った。
> 　そこにひろ子がやってきて，「また詰まっているわ。どうしてここに枯れた花を捨てるのかしら」と言った。

> 【後半】ひろ子は出しっ放しの水をしっかり止め，ゴミの浮いたにごった水の中に手を入れ，詰まっていた花やゴミを取り除き，水を流した。ひろ子はきれいになった水飲み場で手をきれいに洗い，コップで水を飲んだ。
> 　「わあ，おいしそう」と言って，よしおも水を飲んだ。
> 　ひろ子は水がはねて少し汚れたスカートをハンカチでふきながら，よしおの顔を見て，にっこり笑った。

❺ 教材の分析

　この教材では，休み時間に水を飲もうとしたが，きたない水飲み場にとまどってしまうところが問題状況として提示してある。この教材の道徳的問題は，よしおが汚れた水飲み場を見たとき，どうするべきかである。みんなで使うところはきれいにすべきだというルールをただ守るだけでなく，より積極的に行動できるようにしたい。

　よしおがどうすべきかと考えることで，みんなが気持ちよく過ごせる行いについて考えることができる。よしおのように，あきれて立ち去ることもできる。子どもたちは，よしおと同様「自分がやっていない。だれかがやるだろう」という気持ちが自分自身にもあることに気づき，いままでの自分の行動を振り返ることができる。

　それに対して，ひろ子のように，水飲み場のゴミや花を手で取って掃除をすることもできる。こうした行動は，自分も気持ちよく水を飲めるとともに，次に使う人のことも考えている。よしおは，初め「そんなことをしたらきたないよ」と止めるが，きれいになった水飲み場でおいしそうに水を飲むひろ子を見て，自分も水を飲む。

　こうした問題解決を見比べて，よしおの考えでは，自分のことしか考えないため，何もせず，水も飲めないままで気分も悪いが，ひろ子の考えでは，みんなのことを考えて自分から行動し，おいしく水を飲めて気分もよくなることに気づくことができる。

❻ 学習指導展開案

(囲みは中心発問，下線は重要な発問)

	基本発問と予想される児童の反応	指導上の留意点
導入	1．公共の場について話し合う。 ●校内のみんなで使う場所には何がありますか。 　＊教室，体育館，水飲み場 ●みんなで使う場所をどのように使っていますか。 　＊汚さない。 　＊順番に使う。	・公共物について確認する。（特に学校の中の場所で） ・公共物を通して自分の身の回りにある物への関心をもたせる。
展開前段	2．「水飲み場」の前半を読む。 ●これから2人はどうすればよいと思いますか。 　1案…何もせずに教室へ戻る。 　　＊自分は汚してないから。➡気持ち悪いから。 　2案…ゴミを取ってきれいにする。 　　＊みんなが気持ちよく使えるように。 　3案…だれがやったか突き止める。 　　＊きたなくした人がきれいにすればいい。 3．「水飲み場」の後半を読む。 ●よしお君の「何もしない」のと，ひろ子さんの「きれいにする」を比べてどう思いますか。	・どう行動すべきかを明らかにし，多様な理由づけを引き出す。 ・よしおとひろ子の立場から考える。 ・よしおの言動はだれにでもある気持ちや行動であることを引き出す。 ・解決策の理由と結果も考える。 ・自分やみんなの気持ちを考える。
展開後段	4．公共の場の使い方について考える。 ●みんなで使う場所や物で，みんなが気持ちよく過ごせるようにするためには，どうすればよいですか。 　＊トイレから出たら，スリッパをそろえる。 　＊給食の後片付けのとき，ゴミを袋に押し込む。	・学級の仲間の行動を紹介し，自分たちもひろ子のような行動ができることに気づかせ，実践意欲を高める。
終末	5．授業のまとめをする。 ●今日の授業ではどのようなことを考えましたか。 　＊よしお君のようなことが自分にもあったので，ひろ子さんを見習いたい。 ●みんなが気持ちよく過ごせるように，自分はどんなことができると思いますか。 　＊みんなの場所では自分から掃除や片付けをする	・自分を振り返って，ひろ子のようにできたこと，できなかったこと，これからやってみようと思うことを考えさせる。

❼ 評価のポイント

「水飲み場」で，よしおやひろ子はどうしたらよいかについて，具体的に考えた点を評価する。

公徳心について，ただ公共の場を汚さなければよいとみなすだけでなく，みんなの物を積極的にきれいに保ち，大事にしようとする態度を評価する。

授業後の1週間で，公共の精神をもって行動できている点を，「振り返りシート」に記入して評価し合う。

ワークシート

「水飲み場」

3年　　組　　番　名前 _____

1．校内のみんなで使う場所には，どんな所がありますか。

[　　　　　　　　　　　　　　　　　　　　　　　　　]

2．こんなとき，どうしたらよいと思いますか。

	その理由は何ですか	その後，どうなりますか
そのままにする		
きれいにする		
その他 (　　　　)		

3．みんなが気持ちよくすごすために，できることはありますか。

[　　　　　　　　　　　　　　　　　　　　　　　　　]

8 指導の実際

■**導入** >>>

T 校内のみんなで使う場所には，どんなところがありますか。
C 校庭や図書室があります。
C トイレや廊下もそうだよね。
T いろいろありますね。こうしたみんなで使う公共の場所は，どのように使えばいいと思いますか。
C 自分だけのものではないので，汚さないように使ったほうがよいと思います。
C 図書室ならおしゃべりをしないほうがいいし，廊下なら走らないほうがいいと思います。それぞれルールを守る必要があると思います。
T どのように使ったらみんなが気持ちよく過ごせるか，今日の授業で考えていきましょう。

■**展開前段** >>> ※「水飲み場」の前半を読む。

T ここでは何が問題になっていますか。
C だれかが水飲み場に枯れた花を捨てたことです。
C 枯れた花が詰まって，水があふれそうになっていることです。
C これでは，水を飲むこともできなくなると思います。
T 登場したよしお君とひろ子さんは，これからどうすればよいと思いますか。その理由も話してください。4人1組のグループで話し合いましょう。
C1案　何もせずに教室へ戻る。：自分が汚したのではないから。➡気持ち悪いから。➡そのうち，だれかがきれいにしてくれるから。
T その結果，どうなるかな。
C のどは乾いたままだけど，きたないから仕方ありません。
C2案　ゴミを取ってきれいにする。：このままだと，もっとひどくなるから。➡きれいにしたほうが気分がいい。
C どうして人が汚したところを自分がきれいにする必要があるの。服が汚れてしまうよ。
C3案　だれがやったか，犯人を突き止める。➡悪いことをした人に謝らせる。
T 犯人を突き止めても，きれいにならないよ。
C 犯人に掃除をさせればいい。➡だれか見ていた人はいないのかな。
C こういうのは，汚くした人がきれいにすればいい。：放っておくと，またやるかもしれないから。➡水飲み場は，ゴミ捨て場じゃないことを教えたほうがいい。
C4案　だれかが片付けてくれるのを待てばいい。➡だれもやらないようなら，先生

102

か用務員の方に言って，片付けてもらえばいい。：子どもでは，どのように片付ければよいかわからないから。➡しばらく水は飲めないが，仕方ないと思う。
　　※「水飲み場」の後半を読む

T　よしお君のように「何もしない」のと，ひろ子さんのように「きれいにする」のを比べて，どう思いますか。
C　よしお君のようだと，自分も次の人もいやな気分のままだと思います。➡のども乾いたままだけど，仕方ないかな……。
C　ひろ子さんのように自分で掃除すれば，自分も気分がいいし，次の人も喜ぶと思います。スカートが少し汚れたようだけど，たいしたことはないと思います。
T　犯人探しをするより，気づいた人が片付けたほうが，気持ちいいし，早く水が飲めるようになるね。

■展開後段 >>>

T　最初にみんなで使う場所について考えましたね。校庭，図書室，理科室，図工室，家庭科室，トイレ，廊下，水飲み場，物置などいろいろ出ました。こうしたところをどのように使えば，みんなが気持ちよく過ごせますか。
C　汚さない。次に使う人のことも考える。
T　もしそこが汚れていたら，どうすればよいと思いますか。
C　図書室の本がバラバラだったら，ちゃんと番号順に並べて整理すればいい。トイレのスリッパが散らかっていたら，そろえてから出れば，次の人は便利だし，喜ぶと思います。
C　そういうのは，図書室係やトイレ掃除係がやればいいんじゃないかな。全部やってしまうと，係の人のやることがなくなってしまうよ。
C　係じゃなくても，一人一人が気づいたときにやったほうがいい。➡毎日のことだから，使った人みんなが気をつけたほうがいいと思います。
C　○○さんが給食の片付けのとき，ゴミ袋からあふれていたゴミを押し込んでいました。手が汚れたようだったけれど，立派だと思いました。
C　○○さんが手洗い場にあったストローをゴミ箱に捨てていたのを見たことがあります。だれも見ていないのに，偉いなと思いました。

■終末 >>>

T　今日の授業でどのようなことを考えましたか。
C　実は，今日の話とまったく同じようなことが，この前ありました。水飲み場がきたないので，みんな飲むのを止めていました。ぼくも不平を言うだけで，何もしないでいました。そこで，由美さんはこの資料の「ひろ子さん」のように，自分

T　から水飲み場の掃除をしてくれました。
T　それを見ていたあなたは，どう思いましたか。
C　「由美さんは偉いなあ」と思いました。ぼくにはできないことだったからです。「負けた」という感じです。
T　どうして負けたの？　だれに負けたの？
C　人として由美さんに負けたって感じ……。（苦笑）ぼくにはできないことをやってみせたからです。ぼくより大人だなって感じがしました。
T　話してくれてありがとう。これからみんなが気持ちよく過ごせるように，どんなことをしようと思いますか。ワークシートに書いてみましょう。
C　教室や廊下にゴミが落ちていたら，拾って捨てる。
C　スリッパが散らかっていたら，そろえておく。やったことないけれど，これからやってみたいと思う。
T　今後の生活につなげられるといいですね。

❾ 評価の実際

「水飲み場」で，よしおやひろ子はどうしたらよいかについて具体的に考えた過程を評価した。公共の場を汚した他人を責めたり，自分が汚れるから何もしないと考えたりするところから，自主的に公共の場をきれいにしようと考えるところへ変容している点を認める。そうした行為が，自分もほかの人も幸せになれることを自覚した点も認める。

公徳心については，公共の場をただ汚さなければよいとみなすだけでなく，みんなの物を積極的にきれいに保ち大事にすると考えている点を認める。

この授業が日常生活にどう活用・応用されているかを評価する。例えば，「みんなのために」「みんなが気持ちよく使えるように」という子どもが増え，実践にもつながってきている点を認める。

終末で考えた「みんなが気持ちよく過ごすためにできること」をカードに書いて，教室に掲示し，実践できた点を評価する。実際には「掃除をしっかりやる」「トイレのスリッパをそろえる」「ゴミが落ちていたら拾う」「後片付けをきちんとする」などがあった。1週間継続して行い，実践できたらシールを貼り，帰りの会でよい姿をほめ合った。

中学年［3年生］

❾「おばあさん，だいじょうぶ？」

出典先 作 柳沼良太（自作資料）

これは「規則の尊重」C-11 と「思いやり」B-6 が葛藤する問題に取り組む道徳授業である。規則は守るべきだが，他者に対する思いやりも大事にするためには，どうすればよいかを考えることになる。第3の解決策を考え，役割演技をしながら吟味していけるようにする。

❶ 児童の実態

　小学校中学年といえば，低学年で学校のきまりや生活に慣れ，仲間とのかかわりも経験し，安定した小学校生活を送れるようになっている時期である。その反面，ギャングエイジと言われるように，活発な行動が目立つようになり，自分の思いのままに行動し，いろいろな場面でトラブルを起こすことが増えてくる時期でもある。

　その背景には，自分の行動が後にどのような結果を招くのかを熟考することができないことがある。また，約束やきまりを守ることの大切さは理解しているが，とっさの衝動的な感情が先行してしまうなどの問題がある。

❷ 主題の設定

　この時期に，約束や社会のきまりを守り公徳を大切にすることと，相手のことを思いやり親切にすることという2つの道徳的価値観が葛藤する教材を提示したい。主人公の行動から引き起こされる結果を予想して，じっくり検討する経験をもたせたい。

　また，約束やきまりの大切さを理解できていても行動が伴いにくい子どもに，思いやりや親切との葛藤を起こさせることで，さらに規則を尊重する心情に深まりをもたせ，実践的な態度へとつなげていきたい。

●関連する内容項目： B-6 （思いやり）， C-11 （規則の尊重），
　　　　　　　　　　 C-15 （よりよい学校生活）

❸ ねらいの設定

　大きなねらいは，相手を思いやりながら規則も尊重できる態度を養うことである。

　資料に即したねらいは，けん太の立場から思いやりと規則順守の間で葛藤する問題を考えることを通して，人を思いやる心や公徳心を大切にしながら，問題解決をしていく能力を養うことである。

　個々の子どもに即したねらいは，単に目先の利害にとらわれず，大局的に問題状況を把握し，思いやりや規則尊重を共に大事にできる解決策を考えられるようにすることである。

❹ 教材の概要

> 　遠足の日，アユは準備が遅れてしまい，大あわてで学校へ走っていきました。前の日，担任の先生から「8時半にはバスが出るから，必ず遅れないように来ること」と言われていました。
> 　学校が見えてきたとき，「あと10分あるから大丈夫だ」と思い，アユは走るのを止めました。すると，前の方でおばあさんが苦しんでいるのが見えました。「おばあさん，大丈夫？」とアユが声をかけたところ，「ちょっと胸が苦しいから，だれかを呼んできてくれないかい」とおばあさんが言いました。
> 　周りにはだれもいません。近くの家まで行って人を呼んでくると，遠足に遅れそうです。アユはどうしたらよいでしょうか。

❺ 教材の分析

　この教材の道徳的問題としては，アユが遅刻しないように学校へ行くか，おばあさんを助けるために人を呼びにいくかで悩む点である。言いかえれば，この葛藤状況は，おばあさんへの「思いやり」 B-6 を優先すべきか，それとも先生と約束した集合時間を守るべきか C-11 で迷っているといえる。

　「学校へ急ぐべきだ」と考える理由としては，規則を尊重する必要があること，先生との約束を守らなければならないこと，遅刻すれば学級の人たちに迷惑をかけること，バスが出てしまえば遠足に行けなくなることなどがあげられる。ただし，これらの理由だけで判断してしまえば，おばあさんの生命を尊重するという大きな道徳的価値を失うことになる。

　一方，「だれかを呼びにいくべきだ」と考える理由としては，おばあさんを何としても助けたいという最上級の道徳的価値がある。しかし，その結果として，学校に遅れ，多くの人に迷惑をかけることになる。そもそもバスは先に出発してしまい，遠足に参加できなくなるかもしれない。

　こうした問題の解決策をいろいろ考えて，それぞれの解決策を実施したことで，その後どうなるかを話し合わせたい。できれば，アユもおばあさんも幸せになれるWin-Win型の解決方法を考えたいところである。また，全体で話し合った後，子どもたちがどのように理由を変化させていくかに注目したい。

　展開後段では，自分たちの考えた解決策を役割演技することで，その良し悪しを再検討し，より実践的な態度を考えられるようにしたい。

❻ 学習指導展開案

（囲みは中心発問，下線は重要な発問）

	基本発問と予想される児童の反応	指導上の留意点
導入	●みんなの周りにはどんな約束があるだろう。 　＊廊下の右側を歩く。 　＊給食時間は立ち歩かない。 ●約束はどうして守らないといけないのだろう。 　＊人を困らせることになるから。 　＊自分が信用されなくなるから。	・学活や朝の会や帰りの会を使い，学級で決めた約束やきまりをわかりやすく掲示しておく。 ・約束を決めた話し合いの場面を思い出させたりして，約束の意味を考えさせる。
展開前段	1．「おばあさん，だいじょうぶ？」を読む。 ●アユは何で困っていますか。 ●<u>アユはどうすればいいのでしょうか。そのわけと，そうするとどうなるかも考えましょう。</u> 　1案…学校に向かう。：遅れたらみんなに迷惑だから。 　　➡おばあさんの容体が心配。 　2案…だれかを呼びに行く。：おばあさんが心配だから。 　　➡遠足に遅れる。➡叱られる。	・子ども自身が解決策とその理由と結果を明らかにするよう促す。 ・1案は Win-Lose 型で，2案は Lose-Win 型であることに気づかせる。だれもが幸せになる方法はないかという考え方へ向かわせる。
展開後段	2．解決方法を考える。 ●　どうすればこの問題を解決できるだろうか。　 　ア案：だれかを呼びにいって，すぐに学校へ走っていく。みんなに説明して許してもらう。 　イ案：だれかを呼びにいって，その人の携帯電話を借りて学校に連絡を入れておく。 ●アユさん，おばあさん，通行人になったつもりで，考えた解決策を役割演技してみよう。	・自他ともに尊重する解決策はないか，いろいろ考えさせる。 ・みんなで考えた解決策を実際にやってみることにより，自他ともに納得できるか確認をする。
終末	3．授業のまとめをする。 ●今日の授業で何が大切だと思いましたか。 　＊約束も大事だけど，人の命を優先する必要がある。 　＊困ったときはみんなが幸せになれる方法を考える。 ●今日学んだことを日常生活にも生かしていけるといいですね。	・規則も思いやりも日常生活には大切であることを確認する。 ・日常生活に生かしていけるよう，帰りの会で実行できた児童を取り上げるなどして，意欲づけを行う。

❼ 評価のポイント

　遠足の集合時間に間に合うようにすることと，おばあさんを助けることで葛藤する問題で，どうすればよいかを話し合う過程を評価する。

　原因や結果を考えながら，複数の実行可能な解決策などを多面的・多角的に構想する点も評価する。

　日常生活でも同様の葛藤状況で話し合い，お互いに納得し合える解決策を見いだし，実践できている点を評価する。特に1年生との交流学級における活動の様子を観察し，エピソードを記録して評価する。

おばあさん，だいじょうぶ？　[作　柳沼良太]

　遠足の日の朝，アユは持ち物をそろえるのに時間がかかり，出かけるのがおそくなってしまいました。
「アユ，ちこくするわよ」
　おかあさんに声をかけられ，アユは，おべんとうやおやつをリュックサックにつめこむと，急いで学校へ走って行きました。

　家から学校まで1キロはありますが，走ればまだぎりぎり間に合う時間です。ただし，もうあたりにはだれもいませんでした。
「間にあうかな。急がなければ……」
　アユは走りつづけました。
　前の日，たんにんの佐藤先生から，「朝の8時半にはバスが学校を出るから，けっしておくれないように来ること」ときつく言われていました。

　学校がだんだん見えてきたとき，「あと5分あるからだいじょうぶだ」と思い，アユは走るのをやめました。ハァハァ息をしていると，前の方でおばあさんが道ばたにすわりこんでいるのが見えました。
　アユは近よって声をかけました。
「どうしたの，おばあさん？」
　すると，「急にむねが苦しくなったんだよ。すまないが，だれか人をよんで来てくれないかね……」とおばあさんが言いました。

　アユがまわりを見わたしても，だれもいませんでした。近くの家まで行って人をよんで来ると，遠足の集合時間におくれそうです。

　アユは，苦しそうなおばあさんの顔を見ながら，学校の先生や友だちのことも思い出しながら，どうしたらいいだろうと考えこんでしまいました。

ワークシート「おばあさん，だいじょうぶ？」

3年　　組　　番　名前

1. 身のまわりには，どんなやくそくがあるだろう。

どんなやくそく	どうしてあるのか

2. アユさんは，どうしたらよいでしょうか。
　　どうすれば，アユさんもおばあさんもこまらないですむだろう。

	なぜですか	その後，どうなりますか
①学校へ行く		
②だれかをよびに行く		
③その他		

3. 今日のじゅ業(ぎょう)で，どのようなことを学びましたか。

❽ 指導の実際

■導入 〉〉〉

T　みんなの周りにある約束ってどんなものがあるだろう。
C　廊下の右側を歩くこと。
C　給食時間は立ち歩かないこと。
C　知らない人にはついて行かないこともあります。
T　みんなの約束は，どうして守らないといけないのだろう。
C　人を困らせたり迷惑をかけたりするから。
C　きまりを守らないと，自分も困ったことになるからです。

■展開前段 〉〉〉 ※教材「おばあさん，だいじょうぶ？」を教師が読む。

T　ここでアユは何で困っていますか。ペアで話し合いましょう。
C　遠足なので早く学校に行かなければならないのに，おばあさんに人を呼んでくるよう頼まれたから迷っている。
T　アユはどうしたらよいでしょうか。そのわけを発表してください。また，そうするとどうなるかも考えましょう。
C１案　学校へ急いだほうがいい。：遅刻したらバスにおいていかれて，遠足に行けなくなる。➡学級のみんなに迷惑をかけることになる。➡先生との約束を守るべきだと思う。➡（その結果）おばあさんはつらい思いをする。➡全員そろって，みんなからは喜ばれる。
C２案　おばあさんを助けるために，人を呼びにいったほうがいい。：たとえ遠足に遅れても，おばあさんの命のほうが大事だ。➡近くの家にすぐに飛び込めばいい。その後，急いで学校へ行けばいい。➡（その結果）遠足の集合時間に遅れる。クラスのみんなに迷惑をかけることになる。➡アユは先生から叱られてしまう。
T　自分がおばあさんの立場だったら，そうされてもよいかも考えよう。
C　自分がおばあさんなら，命にかかわるかもしれないので，無視しないで助けてほしいと思う。遠足なら毎年あるし……。

■展開後段 〉〉〉

T　どうすればこの問題を解決できるだろうか。アユもおばあさんも共に幸せになれる方法はないか，４人１組のグループになって話し合おう。
Cア案　おばあさんを助けるために人を呼びにいき，遅刻した理由をみんなに説明する。➡きちんとわけを言えば，許してもらえる。
Cイ案　人を呼びにいき，学校に遅れることを電話してもらえばいい。➡10分くらいバスを待たせておいてもいい。
T　アユとおばあさんの立場で，考えた解決策を役割演技でやってみよう。

C （アユ役）　おばあさん，どうしたの？
C （おばあさん役）　ちょっと胸が苦しくなってね。だれか近くにいる人を呼びにいってくれないかい。
C （アユ役）　わかった。ちょっと待っていてね。すみません，だれか来てください。
C （通行人役）　どうしましたか。
C （アユ役）　おばあさんの胸が苦しそうなのです。どうか助けてください。あっちです。
C （通行人役）　わかりました。すぐ行きます。携帯電話で救急車をすぐ呼ぶからね。
C （アユ役）　すみませんが，私の学校にも電話してもらえませんか。
C （通行人役）　わかりました。どこの小学校ですか？
C （アユ役）　○○小学校です。これからすぐ学校に行くと伝えてください。
T　ありがとう。よい演技でしたね。お互いに納得し合えることができましたか。
C　アユもおばあさんも納得できる考え方だったと思う。

■**終末**》》

T　今日の授業で，どのようなことを学びましたか。
C　約束を守ることも大切だけど，やはり人の命を最優先すべきだということです。それで遠足の集合時間に遅れても，立派なことだからです。
C　困ったときは，みんなが幸せになれる方法を考えることが大切だと思いました。答えは1つだけじゃないことがわかりました。
T　周りのことを考えて，お互いを尊重する行動をとることが大切です。1年生との交流学級など日常生活でもこうした考えを生かしていけるといいですね。

■**事後指導**》》

日常生活でも今回の問題解決を生かしていけるようにする。毎朝の会でも道徳授業を振り返り，帰りの会で実行できたことを発表し合い，実践を意欲づける。

❾ 評価の実際

　子どもが問題場面で思いやりのある行動と規則を尊重する行動の間で葛藤するところを考え，よりよい解決策を考えることができたかを評価する。単に思いやりか規則尊重かという二項対立ではなく，思いやりを大事にしつつ，規則も尊重できるような第3の解決策を模索する様子を認める。

　学校の日常生活でも，授業の葛藤状況で考えた言動を活用・応用できているかを評価する。例えば，1年生との交流学級で年少の子を思いやって遊びつつ，時間も厳守できるようにする。

中学年［4年生］

10 「父の言葉」

出典先 黒柳徹子『トットちゃんとトットちゃんたち』講談社

これは思いやりと勇気の対立をテーマとして，「父の言葉」を用いて開発した問題解決型の道徳授業である。他者を思いやる行動をしようと考えながらも，相手の心を深く理解するがゆえに，行動する勇気のもてないことがある。そうした葛藤状況をどう解決すればよいかじっくり考えたい。

❶ 児童の実態

4年生は，クラスの友達とは仲よくしたり低学年の子の面倒をみたりすることはできるようになったが，高齢者や障がいのある人を思いやるにはまだ抵抗があるようである。事前アンケートで「障がいのある人に親切にできますか」と聞いた項目では，肯定的な回答は多いものの具体的にどう振るまってよいかわからない様子である。前年度の特別支援学校との交流会でも，一部の子どもたちを除いてはあまりふれ合えずに終わった。子どもたちは，障がいのある子を身近な他者と感じてしまい，実際に出会ってもとまどってしまうようである。エゴグラムでは，NP（思いやる心）や AC（従順な心）は高くても，発達段階ではまだ身近な他者への配慮に欠けるところがある。

❷ 主題の設定

児童には身近な他者の人権を尊重し，同じ社会に共生する仲間として思いやりをもってほしい。特に，障がいのある友達に対しても素直に親切な振るまいができるようにしたい。そのためには，日ごろから子どもたちが障がいのある子の心情を深く共感し，どのように行動すればよいかわかるようになることが重要である。

そこで，障がいのある子にただ同情するのではなく，障がいのある子の気持ちを心から受け止め，相手のために自分にできることを具体的に考え，実際に行動できるようにしたい。

発達段階でいうと，身近な仲間と共感するところから身近な他者を尊重するところへの移行を目指す。

●関連する内容項目： B-6 （親切，思いやり）， B-10 （相互理解）， A-5 （勇気）， A-1 （自律）

❸ ねらいの設定

大きなねらいは，相手のことを思いやり，広い心で自分と異なる意見や立場を尊重し，自分の考えや意見を相手に自律的に伝えようとする態度を育てることである。

教材に即したねらいは，障がいのある友達との付き合いを考えることで，相手の心

情を深く理解し，自分にできる親切な行動をすることである。
　個々の子どもに即したねらいは，自分と同じタイプの友達としか付き合えない状態から積極的に多様なタイプの友達とも理解し付き合えるようにすることである。

❹ 教材の概要

> 　私（黒柳徹子）は，幼いころに結核性股関節炎で入院し，同じ病気の女の子に出会った。私は普通に歩けるようになったが，その子は松葉杖で歩くことになった。
> 　退院後その子と会ったが，何も言わずにすれちがった。その後は，その女の子に会うと逃げ隠れするようになった。
> 　【中断】あるとき父と散歩していると，その子に会ったので隠れて，わけを話した。父は「そんなにかわいそうだと思うなら，行ってお話してあげなさい」と言った。
> 　この父に言われた言葉が，現在のユニセフの活動につながっている。

❺ 教材の分析

　この教材は，ユニセフ親善大使である黒柳徹子さんが1987（昭和62）年に新聞に載せた有名な記事である。
　ここでの道徳的問題は，結核性股関節炎の治った「私」が同じ病気だった女の子に出会うと，その場から逃げ隠れしてしまうところにある。ここには，「相手を傷つけたくないという思い」，「自分だけ治ってしまい申し訳ない気持ち」，「相手から恨まれたくないという臆病さ」などがある。しかし，その一方で，父の言葉にあるように，「相手のことをほんとうにかわいそうと思うなら，行って優しく語りかけるべきである」という勇気や思慮分別などの道徳的諸価値もある。こうした複雑な道徳的価値が混在しているため，「私」は葛藤している。
　そこで，教材後半の「父の言葉」を聞いた後で，ほんとうの思いやりについて再考し，自分ならどうできるかを考えるようにする。「私」のように相手を哀れみながらも「隠れる」という選択肢だけでなく，「勇気を出して声をかける」「友達になる」などの選択肢も考え合わせ，相手のために何ができるか，女の子の立場ならどうしてほしいかを具体的に考えられるようにしたい。
　黒柳さんが，どのような思いでユニセフ親善大使の仕事をしているかについても考えられるようにしたい。
　障がいのある人に対して，単に憐みや同情だけで接するのではなく，同じ仲間として語り合い，励まし合い，共に生きていこうとする意欲をもてるような解決策を考え，話し合いたい。

❻ 学習指導展開案

（囲みは中心発問，下線は重要な発問）

	基本発問と予想される児童の反応	指導上の留意点
導入	1．「思いやり」について考える。 ●障がいのある人にどう接したらよいか。 　＊優しくする。　＊仲よくする。 ●どうしてそう思いましたか。 　＊かわいそうだから。　＊つらそうだから。	・事前指導の感想文につなげて，障がいのある人の経験を理解する。 ・『私たちの道徳5・6年』を参照。
展開前段	2．「父の言葉」を読んで話し合う。 ●ここでは何が問題になっていますか。 ● 前半部であなたが「私」ならどうしますか。 　1案…逃げる。隠れる。無視する。 　　＊恥ずかしいから。 　　＊いやな気分になるから。 　2案…話しかける。あいさつする。励ます。 　　＊友達になれるから。 　　＊喜ばれるから。 ●「父の言葉」を聞いた後，どうしますか。 　＊話しかける。　＊勇気づける。　＊手紙を書く。 ●もし声をかけるなら，何と言いますか。 　＊友達になりましょう。　＊がんばってね。	・「父の言葉」の教材を2分割して提示する。 ・「私」の行動の動機とその結果も考える。 ・相手の身になって考える。 ・父の言葉を聞く前と後で，考えがどう変化したかを確認する。
展開後段	3．特別支援学校との交流会について考える。 ●どのように交流したらよいと思いますか。 　＊握手する。　＊一緒に遊ぶ。　＊ゆっくり話す。 　＊自分から笑顔で声をかける。 　＊一緒におやつを食べる。	●心のバリアーを取り除く。 ●障がいのある子と交流する方法にはいろいろあることに気づかせる。
終末	4．授業のまとめをする。 ●今日の授業でどのようなことを考えましたか。 　＊お互いの違いを超えて交流できることのすばらしさ。 　＊相手を思いやり，助け合って一緒に生きていける社会にしたい。	●ゲスト・ティーチャーとして障がいのある子どもの母親に心情を語ってもらう。 ●授業で考えたことを次の交流会に生かせるようにする。

❼ 評価のポイント

　主人公は女の子の前でどうすればよいかについて考える過程を評価する。父の言葉を聞く前と後で解決策がどのように変容するかを認める。

　次に，思いやりのある行為について理解を深められたか評価する。女の子にどのように振るまうことがほんとうの思いやりかについて考えている点を認める。

　特別支援学校との交流会について評価する。相手の立場になって上手に交流できる方法を考えることができた点を認める。また，実際の交流会で，自分たちの考えたアイデアを適切に実践することができた点を認める。

ワークシート

「父の言葉」

4年　　組　　番　名前 ＿＿＿＿＿＿＿＿＿＿＿＿＿＿＿＿

1. しょうがいのある人を思いやるわけ

　[　　　　　　　　　　　　　　　　　　　　　　　　　]

2. あなたが「わたし」なら女の子に会ったとき，どうすることができますか。

　（初め）どうする　　　　　　　　　　（父の言葉を聞いた後）どうする

　[　　　　　　　　　]　　　　　　　　[　　　　　　　　　]

　　そのわけ ↓　　　　　　　　　　　　そのわけ ↓

　[　　　　　　　　　]　　　　　　　　[　　　　　　　　　]

　　どうなるか ↓　　　　　　　　　　　どうなるか ↓

　[　　　　　　　　　]　　　　　　　　[　　　　　　　　　]

3. 今日のじゅ業(ぎょう)で何を考えましたか。これからどうしたいですか。

　[　　　　　　　　　　　　　　　　　　　　　　　　　]

8 指導の実際

■事前指導 ≫≫

特別活動の時間を利用して『とべないホタル』のDVDを鑑賞し，感想を交流する。
　その後で，体に障がいがある人の大変さを体験学習する。例えば，声を出さない伝言ゲーム，目隠しして歩くブラインド・ウォーク，そして手足に重りを付けて歩くウェイト・ウォークをする。
　以上の活動について感想をまとめておく。

■導入 ≫≫

T　特別活動の感想文では，「障がいのある方を思いやりたい」と書いてくれた人がたくさんいました。立派です。どうしてそう思いましたか。
C　体が不自由だと，いろいろ大変でかわいそうだと思うからです。
C　階段や段差などを歩くのがつらそうだから，私にできることをしてあげたいと思います。
T　どうすれば思いやりのあることができると思いますか。
　※『私たちの道徳 小学校3・4年生』にある「思いやりの心」を参照する。
C　困っている人がいたら，すぐに助けてあげてあげればいい。➡荷物を持ってあげればいい。➡席を譲ってもいい。
C　でも，この前，バスで席を譲ってあげたら，「いいよ」って断られたことがありました。
T　思いやりにはいろいろな形があります。今日はほんとうの思いやりとはどんなものかについて，「父の言葉」を読んで考えてみましょう。

■展開前段 ≫≫ ※「父の言葉」で「私」が女の子の前から隠れてしまうところまでを読む。

T　ここでは何が問題になっていますか。ペアで話し合いましょう。
C　「私」が女の子の前から隠れたことです。
C　「私」は，女の子の気持ちが一番よくわかっているはずなのに，いざとなると何も言えなかったことです。
T　なぜ「私」は何も言えず，隠れてしまったのでしょう。
C　自分だけ治ってしまって，女の子に悪いと思ったからです。
C　女の子の視線が怖かったからだと思います。恨まれると思ったのじゃないかな。
T　もし自分が「私」だったら，どうできるでしょう。その理由も考えてください。
C1案　声をかける，励ます。（15人）：女の子が喜んでくれるから。➡でも，ねたまれるかもしれない。

C 2案　隠れる。(12人)：ねたまれそうで怖いから。➡傷つけずにすむから。➡逆に女の子が悲しむかも。➡コソコソするのは逆によくない。
C 3案　何もしない。(3人)：どうしていいかわからないから。
T　もしあなたが女の子だったら，どうしてほしいでしょう。
C　無視しないでほしい。➡友達になって話をしてほしい。➡同じ病気をしたもの同士で心の友になってほしい。
　　※**教材の後半を読む。**
T　「父の言葉」を聞いた後，あなたならどうできるでしょう。
C 1案　声をかける。(22人)：相手の気持ちがわかるから，励ましてあげたい。
C 2案　隠れる。何もしない。(3人)：どうしてもつらくて，何もできないと思う。
C 3案　手紙（メール）を書く。(5人)：直接は言えないけど，手紙なら言えるかも。
T　どれが最もよいかな。
C　何かしたいけど……。➡あいさつだけでもしたらどうかな。➡でも……。
T　もし奇跡が起きて，声をかけることができたらどうなるでしょう。(ミラクル・クエスチョン)
C　同じ心の痛みがわかるので，女の子と一生の友達になれる。
C　いままでのつらい思いを話すことができて心が晴れる。
T　もし声をかける（手紙を書く）としたら，何と言いますか。
C　あなたと友達になりたいの。これからいろいろお話しましょう。
C　がんばってね。私もできるかぎりのことをするから。
T　そうしたら，女の子はどう言うと思いますか。
C　とても喜ぶと思う。複雑な気持ちだとは思うけど，きっと思いは通じるのでは。
T　黒柳徹子さんは，そのときの父の言葉を1つのきっかけとして，その後，ユニセフや福祉でボランティア活動するようになりました。

■**展開後段**》》》※**1週間後の特別支援学校との交流会について話し合う。**
T　来週は，特別支援学校の友達と交流します。どんなふうに交流したらよいでしょうか。4人1組のグループで話し合いましょう。
C　一緒に遊ぶ。鬼ごっことか。➡何か歌を歌えばいい。
T　もし自分の体に不自由なところがあったら，どんなふうに交流したいでしょうか。
C　体が不自由でもできる遊びを考えて一緒にやる。
C　大きな声で，ゆっくり話しかければいい。
C　笑顔でこちらからどんどん話しかければいい。
C　まずは握手からすればいい。
C　どんな遊びがいいか，相手に聞いてみればいい。

T　そうしたら，どうなるかな。
C　うまく交流できると思います。
C　そうだよ，すぐ仲よくなれます。
T　それでは，今度の特別支援学校との交流会で実際にやってみましょう。

■**終末** 〉〉〉

T　今日の授業でどのようなことを考えましたか。
C　自分と違うところがあると，どう付き合ってよいかわからないことがありますが，相手の立場になって考えると，いろんなことができるなと思いました。
C　障がいのある子どもたちとも友達になれたので，来年の交流会がいまから楽しみです。
T　みんなで助け合い協力しながら，思いやりのある社会を築いていきたいですね。

■**事後指導** 〉〉〉

T　特別支援学校の友達との交流会は，上手にできましたか。
C　いっぱい一緒に遊ぶことができました。➡表情から相手の気持ちがわかった。➡一緒に歌を歌った。➡先生に言われてやったが，楽しくかかわれた。
T　そのとき，どんな気持ちがしましたか。
C　特別支援学校の友達も自分たちと同じなんだと思った。➡頭で思っていたより，実際にやってみるほうが簡単だった。➡また行ってみたいです。
T　そういう温かい気持ちをこれからも大切にしましょう。

⑨ 評価の実際

　まず，主人公が女の子の前でどうすればよいかについて考え，話し合った過程を評価する。特に，「父の言葉」を聞く前後で対応が変化した点を評価する。初めは，「何もしない」「怖いから隠れる」と消極的な答えが多かったが，「父の言葉」を聞いた後は，「勇気をもって声をかける」「手紙を書いて相手を励ます」という積極的な答えが増えていた。

　思いやりについて認識を深められたか評価する。授業の初めには，障がいのある人を思いやる理由を「かわいそうだから」と答えていた子が，授業後には「相手の気持ちを大切にしたいから」「同じ仲間だから」と答えていた。

　特別支援学校との交流会について評価する。子どもたち自身にも自己評価してもらう。事前に相手の立場になって上手に交流できる方法をいろいろ考えることができた点を認める。また，実際の交流の場でも，積極的に握手をしたり，笑顔で話しかけたり，楽しく交流できた点を認める。

中学年［4年生］

⑪「くやしなみだ」

出典先　作　柳沼良太（自作資料）

> これは友情・信頼 B-9 と善悪の判断・自律 A-1 をテーマとして，自作教材「くやしなみだ」を用いて作成した問題解決型の道徳授業である。いじめの被害者の立場だけでなく，周りで見ている傍観者の立場からも，いかにして問題を現実的に解決できるかを考える。

❶ 児童の実態

　学級では，友達と助け合いの関係を築き，協力しながら生活したいと考えている子が多い。しかし，その助け合いにおける実際の援助の仕方は，自分本位なものであることが少なくない。それゆえ，共感的理解に基づく助け合いなど，助け合いについての道徳的価値を理解するとともに，自己を見つめ，多面的・多角的に考え，自己の生き方についての考えを深めることで，助け合いにおける道徳的な判断力を育てたい。

❷ 主題の設定

　友情とは，互いに共感したり信頼したりすることによって支えられた，互いを肯定し合う関係である。このような人間関係を築くためには，互いの共感的理解により，困っていることや心情などを考え，すすんで手を差し伸べ合うことが大切である。

　いじめ問題については，友情・信頼や助け合いについての道徳的価値を理解していながらも，どうすればよいかわからないところに課題がある。そこで，被害者の太一の立場や傍観者の「ぼく」の立場から具体的にどう行動できるかを考えたい。

　また，友情や助け合いに関する「自己の生き方」についての考えを深めさせるためには，展開後段で具体的な行動を考えることができたか自己評価させる。助け合いについての道徳的価値にかかわる自分自身の状態や，よりよく生きるうえでの課題を明らかにさせるための手がかりとする。

●関連する内容項目： B-9 （友情，信頼）， C-12 （公正，公平），
　　　　　　　　　　 A-1 （善悪の判断）

❸ ねらいの設定

　大きな目標は，友達と互いに理解し合い助け合うことについて考えることで，道徳的な判断力を育むことである。

　教材に即したねらいは，太一や「ぼく」の立場からいじめ問題の解決を考えることで，助け合おうとする実践意欲を高めることである。

❹ 教材の概要

> 　ぼくと太一君は幼なじみで、4年になったら同じクラスになった。昼休みに5年生の学君と信一君が「太一。ちょっとこっちに来いよ」と言い、太一君を無理やり引っぱっていった。しばらくすると、太一君がうつむいて戻ってきた。ぼくは「さっきはごめんね」と言うが、太一君は寂しそうである。校舎の裏で殴られ、金品を要求されたそうだ。ぼくは自分が何もできなかったことを悔やんで、涙が出た。
> 　ぼくは「先生に言いに行こうよ」と言ったが、太一君は「そんなことをしたら、もっとひどい目にあうよ」とうつむいた。「今度は2人で戦おう」とぼくが言うと、太一君は首を横に振って「ぼくらの力ではかなわないよ」と言った。
> 　ぼくは首をかしげながら言った。「このままでは一方的にやられるだけだよ」、「それじゃ、どうすればいいんだ」。太一君は思いつめた顔で言った。

> 　次の日の放課後も、学君と信一君はまたやってきた。ぼくたちはクラスの友達を何人か味方にして太一君を守ることにした。そして先生にも来てもらって、みんなで話し合うことになった。「ぼくたちの大切な友達に手を出さないでほしい」。ぼくはもう悔やし涙は流さないと誓った。

❺ 教材の分析

　この教材では、友達の太一がいじめられているが、「ぼく」も怖くて何もできないところに問題がある。太一を思いやる気持ちはあっても、具体的にどうすればよいかわからずに悩むことになる。このいじめに対抗する手段としては、「言われたままに従う」という受動的なものから、「先生に相談する」「相手と話し合う」「一緒に戦う」などまでいろいろあるが、どれも決定的な解決策ではないという話で前半を終えることになる。ここまでを提示して、どうすれば解決できるかを話し合うことにしたい。

　教材の後半では、実際に「ぼく」と太一が考えた対策が示されている。自分たちの考えた解決策と比較して考えを深めたいところである。

　また、展開後段では、学級の友達から実際に悩み事の書かれた手紙が届いたらどうするかという場面を想定して、展開前段での活動を踏まえて、具体的にどう行動するかを考えさせる。そうすることによって、自己の生き方についての考えを深めさせることができると考える。

❻ 学習指導展開案

(囲みは中心発問, 下線は重要な発問)

	基本発問と予想される児童の反応	指導上の留意点
導入	●友達と助け合ってよかったと思うことはありますか。 ＊係の仕事のとき。 ＊運動会のとき。	・子どもたちの個人的経験を聞いて，助け合いをイメージできるようにする。
展開前段	●だれがどんなことで困っているのかな。 ＊太一君がいじめられていること。 ＊「ぼく」は何もできずにいること。 **解決策を構想し吟味する。** ●ここでだれがどうすればいいだろう。 ＊太一君がいじめられていることを先生や親に言う。 ＊「ぼく」が学君と信一君に「いじめを止めろ」と言う。	・太一がいじめで悩んでおり，それを助けてやれない「ぼく」も悩んでいることに気づかせる。 ・被害者，加害者，傍観者の立場があることを捉えさせる。 ・太一の立場から解決策を考える。
展開後段	●友達から悩み事の書かれた手紙が届きました。自分ならどうするでしょうか。 ＊「つらかったんだね」と言ってあげたい。 ＊「味方になるよ」と言って仕事を手伝う。 ●友達が「係活動をがんばろう」と思えるような行動を考えることができましたか。	・別の新しい場面を提示する。 ・共感的理解に基づいた助け合いなどを具体的に考えさせる。 ・具体的に考えられたかをワークシートに自己評価させる。
終末	**本時の内容を振り返り，感想を交流する。** ●助け合いについて考えたことや，今後の生活に生かしたいことを発表しよう。 ＊いろんな助ける方法があるとわかった。 ＊みんなで取り組むのが大切だと思った。	・展開後段の自己評価をもとにして，今後の生活で生かしていきたいことについて書くようにさせる。

❼ 評価のポイント

　いじめ問題に対して，被害者や傍観者の立場からどのようにしたらよいかを考えることができたかを評価する。

　友情や助け合いについての道徳的価値をどれだけ理解できたかについて評価する。

　本時の授業で学んだことを事後の日常生活で生かせているかを観察するとともに，アンケート調査して子どもたちに自己評価してもらう。

くやしなみだ　[作　柳沼良太]

場面①

　ぼくと太一君は幼なじみで，4年生では同じクラスになった。太一君は少し体が弱いけれど，いろんな本を読んでいて，おもしろいことをたくさん知っている。

　昼休みに，ぼくが太一君と昨日見たテレビの話をしていると，5年生の学君と信一君がニヤニヤしながらやってきた。

　「おい，太一。ちょっとこっちに来いよ。」

　それを聞いて太一君は，少し暗い顔をしてうつむいた。

　学君は，太一君のうでをつかまえて，無理やり引っぱっていった。

　ぼくは何かしようと思ったが，学君や信一君からにらまれると，何も言えなかった。

場面②

　しばらくすると，太一君がうつむいてもどってきた。ぼくは太一君の所にかけよった。

　「さっきはごめんね……。何もしてあげられなくて。」

　「いいよ……別に。」

　「何かされたの？」

　しばらくだまった後，太一君は，しぼるような声でつぶやいた。

　「校しゃのうらでなぐられた……。明日，お金を持って来いって言われた。」

　ぼくは，自分が友だちのために何もできなかったことをくやみ，なみだが出た。

　ぼくは顔を上げ，「先生に言いに行こうよ。」と言った。

　太一君は，「そんなことをしたら，もっとひどい目にあうよ。」とうつむいた。

　「でも，だまっていたら，またやられるよ。」

　「仕方ないよ……。相手は強いから。」

　ぼくは，意をけっして言った。「今度は2人で戦おう。」

　すると，太一君は首を横にふって，

　「いや，ぼくらの力ではかなわないよ。それに，ぼう力では何もかいけつしないよ。」

　ぼくは，ただうなづくしかなかった。

　太一君が重い口を開いた。「こんなときは，がまんするしかないよ……。」

　ぼくは，首をかしげながら言った。「でも，このままじゃダメだよ。」

　「それじゃ，どうすればいいんだ。」太一君は，思いつめた顔で言った。

場面③

　次の日の放課後も，学君と信一君は，またやってきた。

　ぼくたちは，クラスの友だちを何人か味方にして太一君を守ることにした。そして先生にも来てもらって，みんなで話し合うことになった。「ぼくたちの大切な友だちに手を出さないでほしい」。ぼくはもうくやしなみだは流さないとちかった。

ワークシート

「くやしなみだ」

4年　　組　　番　名前

1．だれが，どんなことでこまっているのか。

```
┌─────────────────────────────────────┐
│                                     │
│                                     │
│                                     │
└─────────────────────────────────────┘
```

2．太一君ができることは何か。

```
┌─────────────────────────────────────┐
│                                     │
│                                     │
├─────────────────────────────────────┤
│                                     │
│                                     │
└─────────────────────────────────────┘
```

3．「ぼく」にできることは何か。

```
┌─────────────────────────────────────┐
│                                     │
│                                     │
├─────────────────────────────────────┤
│                                     │
│                                     │
└─────────────────────────────────────┘
```

4．感想……今日のじゅ業(ぎょう)で思ったこと，今後の生活に生かしていきたいこと。

```
┌─────────────────────────────────────┐
│                                     │
│                                     │
│                                     │
└─────────────────────────────────────┘
```

❽ 指導の実際

■導入 ⟫⟫⟫

T　友達がいてよかったと感じるときは、どんなときですか。

C　楽しく遊んでいるとき。➡係の活動で協力してやれたとき。➡お弁当を一緒に食べるとき。(笑)

T　友達を助けてあげられなかったときもありますか。

C　友達がんばって掃除していたとき、何も手伝わなかったことがある。

T　今日は友達とのかかわり方について考えよう。

■展開前段 ⟫⟫⟫ ※教材「くやしなみだ」の場面①と②を読んで、それぞれ話し合う。

T　<u>この問題ではだれがどんなことで困っているのかな。</u>

C　太一君がいじめられている。

C　「ぼく」が何もできない自分を情けないと思っていることです。

C　だれも太一君がいじめられていることに気づいていなかったことも、困ったことだと思います。

T　ここでは、だれがどうすればよいと思いますか。　4人1組のグループで話し合いましょう。

C　太一君は、学君や信一君にいじめられていることをはっきり先生や親に伝えるべきだと思います。：自分一人だけで抱え込んではいけないからです。

C　でも、親や先生に言ったら、もっといじめられるかもしれないよ。

C　それでも、太一君は、はっきり先生か親にいじめの事実を話したほうがいいと思います。それから、学君や信一君に対して、怖くても「いじめないで」と強く言ったほうがいいと思う。

※教材「くやしなみだ」の場面③を読み上げる。

C　「ぼく」は太一君のことが心配なら、仲間としていじめを止めに入るべきだと思います。➡太一君だけではかなわないから、「ぼく」や学級の友達にも声をかけたほうがいいと思います。

T　こうしたいじめはなかなか解決しないので、先生を含め、周りにいる人たちが協力して取り組まなければいけませんね。

■展開後段 ⟫⟫⟫

T　友達から次のような悩み事を相談されました。<u>自分ならどうするか考えて発表しよう。</u>

> 学級の何人かが，プロレスごっこと称して，ぼくを殴ったり蹴ったりしてきて困っているんだ。いつも昼休みに，「プロレスをやろうぜ」と言って連れていかれ，ぼくだけが一方的に殴られる役なんだ。周りで見ている人たちは笑っているけど，ぼくはつらいんだ。君もぼくがやられているのを見たことがあるだろう。

C 「つらかったんだね」と言って慰めたい。
C それだけじゃ，何も変わらないのではないかな。
C 「味方になるよ」と言って，プロレスごっこを止めさせればいい。
C 自分だけで言うのではなく，周りで見ている人たちにも呼びかけたほうがいいよ。
C でも，プロレスごっこは遊びじゃないかな。
T <u>被害にあっている人から見ると，それは遊びだろうか，いじめだろうか。</u>
C 遊びのふりをしたいじめだよ。見て見ぬふりをするのもいじめになるよ。
T いじめのようなものは，早い段階で止めさせなければなりません。何かあれば，早めに先生に連絡してください。

■終末 》》》

T 今日の授業で考えたことや，<u>今後の生活に生かしていきたいと思うことについて発表しよう。</u>
C 助け合いは大変だけど，大切だと思った。助けるためにはいろんなやり方があるので，自分のできることをやっていきたい。
C 自分一人だけですべてやろうとせず，問題に関係している人みんなで取り組むことが大切だと思った。
T 今日学んだことをできるところから実践していきましょう。

❾ 評価の実際

　いじめ問題に対して，被害者の太一や傍観者の「ぼく」の立場から，どのようにしたらよいかを考えることができたかについて評価する。単に友達の立場で被害者を慰めるだけでなく，現実的な助け合いをどのように考えたかを見とる。この点は，発問に対する発言とワークシートの記述の両方から判断する。

　子どもたちが授業中に友情や助け合い B-9 についての道徳的価値をどれだけ理解できたかについて評価する。この点は，発問に対する発言やワークシートの記述から評価する。

　本時の授業で学んだことを事後の日常生活で生かせているかを観察するとともに，アンケート調査をして子どもたちに自己評価してもらう。いじめのような行動があると，すぐに声をかけ合い，助け合う関係ができていった点を認める。

12 中学年［4年生］
「あれでよかったの？」

出典先 光村図書

八島　恵美

これは親切や思いやりをテーマとして，教材「あれでよかったの？」を用いて作成した問題解決型の道徳授業である。電車で高齢者に席を譲るとき，断られた経験も踏まえ，どのような配慮が必要かについて役割演技も取り入れながら考える。

❶ 児童の実態

　児童たちの中には，友達のことを気にして，声をかけたり手助けをしたりすることが多い。しかし，一方で自分のことだけしか考えていないため，手助けがやりすぎになっている場合なども多い。

　道徳意識アンケートをとると，自己肯定感や被受容意識は高いが，一方で被害意識も高い。被害意識が高い原因の1つとして，さまざまな事象を自分の立場だけで捉え，周りが見えていないことがある。また，学校生活において友人関係がうまくつくれず，不登校傾向などの課題をもつ子どももいる。

❷ 主題の設定

　困っている人を見ると助けてあげたいという思いがわいてくる。それが親切の始まりである。しかし，この時期の子どもたちの「親切」は，往々にして相手の思いを考えることなく，自分の中で満足している場合が多い。

　そこで，相手が困っている場面において具体的にどうすればよいのかを，相手の立場に立って考えられるようにしたい。そして，親切をした人もされた人も共に気持ちよくなる言動が真の親切になることを理解させたい。

●関連する内容項目： B-6 （親切，思いやり）， B-10 （相互理解，寛容）

❸ ねらいの設定

　大きなねらいは，だれに対しても思いやりの心をもち，相手の立場に立って親切にすることである。

　教材に即したねらいは，相手の気持ちを考えることの大切さに気づき，自分と相手の気持ちを重ねて親切な行いをしようとする気持ちを育てることである。

　個々の子どもに即したねらいは，自己満足の親切をしている子が，相手の気持ちをよく考えたうえで親切な行いができるようになることである。

❹ 教材の概要

①光太が電車に乗っていると，おじいさんが乗車してきて，手すりにつかまった。
②おじいさんに光太は「どうぞ，どうぞ，座ってください」と席を譲る。
　親切ができたと満足する光太。しかし，その一方で，困り顔のおじいさん。
③実はおじいさんは足を痛めており，立っているほうが楽だったのある。
④数日後，また光太が電車に乗っていると，別のおじいさんが乗車してくる。
　光太は前回のこともあり，どう行動すればよいか迷ってしまう……。
⑤そのとき，光太の隣に座っていたお姉さんが「おかけになりますか」と声をかける。
⑥おじいさんは，礼を言って座席に座る。そのとき，光太はどうすればよかったかに気づく。
※以上は６コマのイラストと吹き出しで構成されている。

❺ 教材の分析

　この教材の中で，道徳的問題は，おじいさんのために席を譲ろうとしたのだが，断られてしまった経験をしたことで，次に同じような場面でどうしようかと迷うことである。相手のためと思ってやったことでも，相手を困らせる結果になることがあると気づいた後，今後はどう行動するのかということである。

　教材の中では，「おじいさんに親切にしたい」「親切にしたほうがよい」という思いと，「それは結果的におじいさんにとっては迷惑かもしれない」「また断られるかもしれない」という思いの葛藤がある。この葛藤場面（４コマ目）で教材をカットして，５コマ目について考えさせることで，どう行動すればよいのか，真の親切とは何か，について考えさせていくことにしたい。

　そのなかで，Lose-Lose 型となるのは，「だから，今後は何もしない」という一見楽そうな選択である。しかし，その結果を考えることを通して，「楽」ではないこと，人とのかかわりをなくしてしまっては，生きにくい世の中になることを押さえていきたい。

　ここで解決策を考えるうえでは，一言でもおじいさんの思いを尋ねることが，自分と相手の思いを重ね，互いにとってよい結果をもたらすことに気づかせていきたい。具体的に役割演技もしてみて，主人公とおじいさんのよりよい人間関係が築けるようにしたい。

❻ 学習指導展開案

(囲みは中心発問，下線は重要な発問)

	基本発問と予想される児童の反応	指導上の留意点
導入	1．「親切」とは何かを考える。 ●みなさんは「親切」とはどのような行いだと思いますか。 ＊困っている人がいたら助けてあげること。 ●「小さな親切，大きなお世話」ということもある。	・ワークシートに書かせ，展開後段の考えと比較できるようにする。 ・親切にもいろいろあることを考えさせる。
展開前段	2．教材「あれでよかったの？」を読み，話し合う。 ●　場面①で光太さんはどうしたらよいだろう。　 ＊席を譲ればいい。 ＊喜ばれるはず。気分がいい。 ●場面③でどんな結果になりましたか。 ＊おじいさんは足が痛そう。 ＊実は，迷惑だった。 ●場面④でみなさんだったら，どうしますか。 1案…何もしない。：わからないから。 2案…席を譲る。：座りたいかもしれないから。 3案…まず「座りませんか」と聞いてみる。 ●どのような結果につながりますか。 ＊光太は気持ちが落ち込む。おじいさんはつらい。 ＊また断られるかも。おじいさんには迷惑かも。	・光太に共感させることで，相手のためと思ってやったことでも，相手を困らせる結果になったことに気づかせる。 ・どうしてそう考えるのかについても引き出す。 ・ワークシートに書き込むことで考えを整理させ，一番よい方法を見いださせる。
展開後段	3．役割演技してみる。 ●自分で考えた解決策を役割演技でやってみましょう。 （光太役）席を立って「よかったら座りませんか」 （おじいさん役）「親切にありがとう。それじゃ座らせてもらうよ」「今日は大丈夫だよ」 ●演技してみてどのように感じましたか。	・初めにワークシートに書いて，自己内対話をさせる。 ・自分の考えを役割演技してみる。 ・交替して両方の役をやってみる。
終末	4．授業のまとめをする。 ●今日の授業でどのようなことを学びましたか。 ＊勝手にしないで，相手のしてほしいことをする。 ●明日からの1週間を「親切に生きるウィーク」として，より意識して生活していきましょう。	・親切について考えの変容を確認する。 ・学んだことを実践していこうという意欲を高める。

❼ 評価のポイント

　電車の中にいる光太の立場で，高齢者にどのように接したらよいかについて問題解決する過程を評価する。

　授業の導入場面で尋ねた「親切」についての考えと，展開後段で書いた「親切」についての考えを比較して，その変容を評価する。

　翌日からの1週間を「親切に生きるウィーク」として設定し，毎日の帰りの会で相互評価をし合う。

ワークシート 「あれでよかったの？」

4年　　組　　番　名前

1．親切とはどんなことですか。小さな親切，大きなお世話とは？

2．場面①では，どうしたらよいか。その結果どうなるか。

（どうする？）

（結果）

3．場面④では，どうしたらよいか。その結果どうなるか。

（どうする？）

（結果）

4．感想……今日のじゅ業（ぎょう）で思ったこと，今後の生活に生かしていきたいこと。

❽ 指導の実際

■導入 》》》

- T　みなさんは,「親切」とはどのような行為だと思いますか。
- C　人に優しくすることだと思います。
- C　困っている人がいたら,何か助けてあげることです。
- T　「小さな親切,大きなお世話」という言葉もあるけれど,これはどんな意味だと思いますか。
- C　自分勝手な親切は,相手のためにならないどころか,逆に迷惑にもなるということだと思います。
- T　親切なことをすることは,意外にむずかしいのかもしれませんね。

■展開前段 》》》 ※教材「あれでよかったの？」の1コマ目を読む。

- T　おじいさんが目の前で手すりにつかまっています。どうしたらよいと思いますか。
- C　席を譲ればいい。（ほぼ全員）
- T　席を譲ったら,どうなるかな。
- C　喜ばれて礼を言われる。ほめられる。
- T　実際の場面（3コマ目）を見てみましょう。
- C　おじいさんは足が痛かったんだ。席を譲られるのは迷惑だったのかもしれない。
- T　次に4コマ目で別のおじいさんが目の前に立ったら,どうすればいいだろうか。
　　4人1組で話し合いましょう。
- C 1案　何もしない。：また迷惑がられるかもしれないから。
- C 2案　席を譲る。：別のおじいさんだし,今度は座りたいかもしれないから。
- T　どちらがいいかな。それぞれの案をやってみたら,どうなるかも考えよう。
- C　何もしないのは不親切だ。でも,前回みたいに断られるのもいやだし……。
- C　おじいさんが席を譲ってほしいと言ってきたら,譲ればいい。
- C 3案　直接本人に聞いてみたらどうだろう。
- T　次の4コマ目では,お姉さんがおじいさんに声をかけて席を譲っています。
　　それでは,おじいさんにどのように声をかけたらいいでしょうか。
- C　座ったまま,「おじいさん,座りたいですか」と言う。
- C　席を立って,「おじいさん,よかったらどうぞ」と言う。
- C　やっぱり席を立って聞いたほうがいいと思う。

■展開後段 》》》

- T　それでは,自分の考えた解決策をペアでやってみましょう。一人が終わったら,

今度は交替してやってみます。それが終わったら，代表で何組か前に出てきてやっ
　　　てもらいましょう。
C　（光太役）　席から立ち上がって，「おじいさん，よかったらどうぞ座ってください」
C　（おじいさん役）「親切にどうもありがとう。助かるよ」
C　（光太役）「どういたしまして」
T　どこがよかったと思いますか。
C　席を立ち上がってから，席を指しながら「どうぞ」と言っているところがよかった。
C　親切を無理に押しつけていないところがいいと思います。

■ 終末 》》》

T　今日の授業でどのようなことを考えましたか。
C　自分勝手に判断しないで，相手の事情も考えて，やってあげることが大事だと思いました。親切も自分だけの思いを押しつけると，迷惑になることもあることがわかりました。
C　自分の気持ちだけでも，相手の気持ちだけでも，親切は成り立たないことがわかりました。自分の思いを伝えて，相手の考えもきちんと聞いて行動することが大事だと思いました。
T　明日からの１週間を「親切に生きるウィーク」として，親切についてより意識して生活してみましょう。

❾ 評価の実際

　電車の中にいる光太の立場で，高齢者にどのように接したらよいかについて問題解決ができた点を評価する。授業では，席を譲れば親切だと思い込んだり，一度断られたので再び声をかけられなくなったりせず，高齢者の事情に配慮して適切な声をかけられるようになった点を認める。

　役割演技で，席を立ち「よかったらどうぞ」と言って，自然な形で高齢者に席を勧めることができた様子を認め合う。

　授業の導入場面で尋ねた「親切」についての考えと，展開後段で書いた「親切」についての考えを比較して評価する。導入では，困った人がいたら何でもやってあげることが親切だと思っていた子どもたちが，終末では，相手の気持ちをよく汲んだ行為こそ，ほんとうの親切であると思いいたるようになった点を認める。

　翌日からの１週間を実践期間として「親切に生きるウィーク」を設定し，毎日の帰りの会で自己評価をさせる。１週間後には，総合評価として自分の親切な行動をスケーリングで評価してみる。

13 高学年［5年生］「言葉のおくりもの」

出典先 学習研究社

原　明美

　これは男女の友情と相互理解をテーマとして，教材「言葉のおくりもの」を用いて作成した問題解決型の道徳授業である。異性の友達との付き合いを理解して，よりよい関係を築くためにどうすればよいかを考える。

❶ 児童の実態

　子どもたちは，異性に関心をもち，お互いを意識し始めている。しかし，男女別々に行動することが多く，お互いに「男子なんて……」「女子なんて……」と反目することがあり，ときには争いに発展することもある。

　また，仲間のよいところを見つける時間を帰りの会で設けているが，同性のよいところを見つけることはできても，なかなか異性のよいところを見つけることができない。これは，男女で協力したり，助け合ったりすることが，周りから冷やかされることにつながることがあり，素直に異性のよさを認めることができないということからくるものであるようだ。

　このような姿になるのは，男女がそれぞれに協力し助け合うことの大切さの意味を理解していないからだと考えられる。

❷ 主題の設定

　人はだれでも心から信頼できる友達をもちたいと考えたり，自分も人から信頼されていたいと願ったりしている。しかし，ほんの少しのきっかけで，喧嘩や仲間はずれが起こることがある。人は表面に表れる言動や態度で相手を判断したり，批判したりすることがあるからである。ほんとうの信頼関係は，相手のことを信じることで培われるものだ。それは異性との関係ではなおさらそうである。

　豊かな人間関係を築くには，男女の協力や助け合いが必要となってくる。お互いに異性のよさを認め合い，信頼し，尊重し，学び合うことを通して，男女の友情が生まれる。そのために，相手の立場や考え方を受け入れることのできる心を育てることが大切になる。

　5年生の子どもは思春期にさしかかり，異性に関心をもちながらも一緒に活動することをいやがる傾向がある。男女が仲よく活動したり，協力したりする大切さを考える過程で，男女それぞれのよさに気づき，ほんとうの友情や心情を育てていきたい。

●関連する内容項目： B-11 （相互理解，寛容）， B-10 （友情，信頼），
　　　　　　　　　　 C-16 （集団生活の充実）

❸ ねらいの設定

　大きなねらいは，男女の協力や助け合いが，自分の生活をよりよくするために必要であることに気づき，男女が共に理解し合い，互いのよさを見つけ尊重する態度を養うことである。

　教材に即したねらいは，登場人物のすみ子や一郎の立場から学級生活での問題解決に取り組み，よりよい人間関係を築く判断力を育成することである。

　個々の子どもに即したねらいは，異性を意識しすぎてうまく関係を築けない状態から，異性の友達とも相互に理解し合い，温かな信頼関係を築く力を育てることである。

❹ 教材の概要

> 【前半】1年生のときから同じクラスの一郎とすみ子は仲がよい。ある日，たかしたちから2人の仲のよさを冷やかされる。日直のとき，うっかり植木鉢を落としてしまった一郎は，片付けを手伝おうとするすみ子に八つ当たりをしてしまう。快活なすみ子の態度に一郎の心は揺れる。

> 【後半】町内の運動会の日，子ども会のリレーで，バトンを落としたたかしを，すみ子が優しく声をかけ慰める。明るいすみ子の声が一郎の心に響く。
> 　一郎の誕生日に，すみ子は学級で一郎に「言葉のおくりもの」をすることになる。すみ子は，「いつでもそういう一郎さんでいてほしい……」と語った。それを聞いて，一郎は，すみ子のほうを向きにっこりとする。

❺ 教材の分析

　一郎とすみ子は本来，仲がよかったが，友達のたかしたちから冷やかされることで，関係が微妙に崩れてくる。相手が異性であることを意識しすぎて，あえて冷たく当たる一郎に問題がある。

　この教材では，すみ子からの「言葉のおくりもの」で一郎は考え方を変えていくことになる。このすみ子の対応は非常に立派であるが，必ずしも現実的な対応とはいえない。そこで，すみ子の立場からもどのように一郎やたかしと付き合えばよいかを考えたいところである。

　一郎との関係を冷やかされたすみ子は，たかしが運動会のリレーで失敗したことを非難してもよいし，冷たく当たってくる一郎とは疎遠になることもできる。しかし，そうした態度が男女の関係をより悪化させることは目に見えている。同性と異性の友達の違いを理解するとともに，明るい男女の友情のあり方を考え合うようにしたい。

❻ 学習指導展開案

（囲みは中心発問，下線は重要な発問）

	基本発問と予想される児童の反応	指導上の留意点
導入	1．クラスの友達のよいところを発表する。 ●友達にはどんなよいところがありますか。 　＊算数のときにヒントを出して助けてくれた。 　＊いつも仲よく遊んでくれる。 ●異性の友達にはどんなよいところがあるだろう。	・同性のよいところにしか目を向けていないことに気づかせる。 ・異性のよいところに関心を向けられるようにする。
展開前段	2．教材の前半場面を読む。 ●<u>すみ子との仲をみんなに冷やかされたとき，一郎はどうしたらよいと思いますか。</u> 　＊仲が悪いふりをする。➡冷やかされないようにする。 　＊たかしたちの冷やかしを無視する。 3．教材の後半場面を読む。 ●┃すみ子は一郎に「言葉のおくりもの」をしました。┃ 　┃一郎はどうしたらよいでしょうか。　　　　　　　　┃ 　＊すみ子と仲直りする。 　＊素直になる。 　＊いままでどおりでいる。	・自分だったら，どんなことをするのかという見通しをもち，考えることができるようにする。 ・理由だけでなく，自分が言うことでどうなるのか，結果を見通すことを大切にする。
展開後段	●異性の友達とも仲よくするためには，どうすればよいでしょうか。 　＊異性でも相手のよさを認め合う。 　＊男女で協力し合う。 　＊言葉のおくりものをし合う。 ●いままでの生活の中で，異性の友達のよいところを思い出し，言葉のおくりものをしましょう。	・自分の言動が，相手や自分の気持ちに大きくかかわることに気づかせる。 ・そのときはみんなにわかってもらえてうれしいけれど，お互いの関係がぎすぎすしてしまう。
終末	4．教師の説話 ●男子と女子では考えや行いが違うので，ときに対立することもあります。でも，互いのよさを認め合い，理解し合うことが大事です。 ●今週は，男女で理解し合うことを目標にしましょう。	・男女のお互いのよさを見つけ，実感できるようにする。 ・自分の道徳的実践の方向を見つけ，実践意欲を高める。

❼ 評価のポイント

　男女の友情にかかわる道徳的問題に関して考え，よりよい関係を築くために適切な判断ができているかを評価する。

　異性の友達について理解を深め，信頼し合い，向上しようとする意欲が高まったかを評価する。

　授業後の運動会や集団宿泊活動などで今日の授業を活用し，男女が協力して取り組めているかを評価する。

ワークシート 「言葉のおくりもの」

5年　　組　　番　名前

1．友だちのよいところを述べてください。

2．すみ子は，一郎にすてきな「言葉のおくりもの」をしました。自分なら異性の友だちにどんな「言葉のおくりもの」を言ってあげられるでしょうか。

	何を，どう言うか	その後，自分の気持ちはどうなるか	その後，相手の気持ちはどうなるか
①案			
②案			

3．異性の友だちとも仲よくするためには，どうすればよいでしょう。

❽ 指導の実際

■導入 〉〉〉

T　友達にはどんなよいところがありますか。
C　算数の問題がわからないときに、ヒントを出して助けてくれた。
C　○○さんはいつも元気で、スポーツが得意なところがすごいと思う。
T　いろいろ出ましたが、すべて同性の友達のことでしたね。つまり、男子は男子、女子は女子のよいところを発表してくれました。それでは、異性の友達、つまり男子は女子、女子は男子のよいところを発表してくれる人はいますか。
C（女児）　△△君はだれにでも親切にしてくれます。
C（男児）　あなたと△△君はいつも仲いいよね。（笑）
T　冷やかしてはいけません。男女でもお互いのよさを認め合うことが大事です。今日は「言葉のおくりもの」という話を読んでいきます。

■展開前段 〉〉〉 ※教材の前半（たかし君たちに冷やかされるところ）まで読む。

T　<u>ここでは何が問題になっていますか</u>。
C　一郎君とすみ子さんの仲を、たかし君たちから冷やかされて困っています。
C　すみ子さんは気にしていないようだけど、一郎君はひどく気にしているみたいに思えます。
T　<u>一郎君はどうしたらよいと思いますか。ペアで話し合いましょう。</u>
C１案　もうすみ子さんとは仲よくしないほうがいい。：冷やかされないように。
T　そうするとどうなりますか。
C　すみ子さんとは仲が悪くなるけど、たかし君たちとはまた仲よくなれます。
C２案　たかし君たちの冷やかしなど無視したほうがいいと思います。：すみ子さんとは仲よしのままでいられるからです。ただ、男子からは、その後ずっとからかわれ続けると思うけど……。
T　みんなが幸せになれる方法はないかな。
C３案　恥ずかしいから、すみ子さんに「みんなの前ではあまり親しく声をかけないで」と頼んでおいたらどうかな。
C　そんなの、すぐみんなに見破られると思うよ。堂々としていたらいいよ。
　　※次に、教材の後半を読んでいきましょう。
T　すみ子さんからの「言葉のおくりもの」を聞いて、一郎君はどうしたらよいと思いますか。
　　4人1組のグループで話し合いましょう。
C　変に意地を張らなくていいと思います。

C　すみ子さんは小さなことにこだわらない明るい人だから，すごいと思います。
C　一郎君もたかし君たちにからかわれて，少し意地になっていただけだから，誕生日の「言葉のおくりもの」をきっかけに仲直りすればいいと思います。

■展開後段 》》》

T　これから異性の友達とも仲よくするためには，どうすればよいでしょうか。
C　男子と女子で対立するのではなく，お互いに協力し合う。
C　相手が男子でも女子でも，よいところは素直に認め合うべきだと思います。
C　休み時間なども男女で一緒に遊ぶように工夫したらよいと思う。
T　それでは異性の友達のよいところをもう一度，発表してみましょう。
C　（男児）　○○さんはいつも優しくて，友達みんなの面倒をみてあげています。
C　（女児）　△△君はいつも前向きで元気で，そばにいると勇気づけてもらえます。

■終末 》》》

T　今日の授業でどのようなことを考えましたか。
C　男子と女子では考えや行いが違うので，ときどき対立することもあります。でも今日の授業で，異性のよさを認め合い，理解し合うことが大事だとわかりました。
C　これからは授業だけでなく休み時間なども，男女仲よく協力し合えたらいいなあと思います。
T　先生が子どものころも学級では男女共に仲よしだったから，同窓会をやると楽しいですよ。今週は，男女で理解し合うこと，助け合うことを目標にしましょう。

❾ 評価の実際

　授業中に子どもたちが男女の道徳的問題に取り組み，よりよい信頼関係を築くために適切な判断ができていたかを評価する。例えば，始めは冷やかされるから異性の友達とはあまり仲よくしないと考えていた子どもが，授業の終わりには異性の友達とも理解し合い協力し合いたいと考えていった点を認める。

　異性の友達のよさについて理解を深めることができたかを評価する。導入部の「友達のよいところを見つける」活動では，異性の友達のよさを捉えた児童が1名しかおらず，同性の友達のよさを捉えた児童が36名だった。それに対して，授業後のアンケートでは異性の友達のよさを書いてくれた児童は32人（無回答2名）に増えた。

　授業後の9月下旬に予定される運動会や集団宿泊活動で，男女が協力して取り組めている様子を評価する。特別活動の時間に振り返りシートで男女の協力にかかわる項目を自己評価する。特に，運動会では異性の友達とも積極的に声をかけて応援し合い，助け合う様子を観察することができた点を認めた。

高学年［5年生］

14 「すれちがい」

出典先 文溪堂

酒井　立人

> これは規則尊重と寛容をテーマとして，教材「すれちがい」を用いた問題解決型の道徳授業である。約束を守ることは大事だが，友達がそれを守れなかった場合に，どう行動すべきか，今後どうすべきかを考える。展開後段では，役割演技をしながら具体的に解決策を検討していく。

❶ 児童の実態

　子どもたちは班の係活動を積極的に行っているが，今後の活動について相談しているとき，活動の仕方で考えが違うとお互いの意見を聞こうとしないことがあった。自分と異なる意見でも，相手の立場や気持ちを受け止めて行動することが大切であることはわかっている。しかし，自分の利害が関係してくると，「どうしてわかってくれないの」という自分本位な気持ちから，相手の気持ちを受け止めようとしないことが起きる。発達段階では，まだ身近な他者への配慮が欠ける水準にとどまっている。

❷ 主題の設定

　人の見方や考え方，感じ方はさまざまである。1つの事象に対しての判断も，えてして自分本位になりやすい。しかし，好ましい人間関係を築き，自他共によりよい生活を目指していくには，自分と異なる意見や立場を尊重することも必要である。

　相手の立場を考え，思いやりの心をもって，譲り合いや許し合うことの大切さを心から感じとらせたい。特に，相手の失敗や間違いも温かく許せる人間的包容力を育てることは必要な内容であろう。発達段階でいうと，身近な他者を尊重できるところへの上昇を目指す。

●関連する内容項目： B-11 （相互理解，寛容）， C-12 （規則の尊重）

❸ ねらいの設定

　大きなねらいは，自分と異なる人の立場を広い心で受け入れようとする態度を養うことである。

　教材に即したねらいは，相手の過ちを責める自分を考えることで，相手の立場や気持ちを受け入れて理解しようとする態度を養うことである。

　個々の子どもに即したねらいは，友情を大事にしながらも自己中心的なかかわりの多い子どもに対して，相手の言い分もよく聞いて，よりよい友人関係を築けるようにすることである。

❹ 教材の概要

【よし子の作文】
　よし子はえり子とピアノのけいこに一緒に行こうと約束したが，えり子はなかなか来なかった。いら立つ思いで待ったあげく，すっぽかされたと思い込み，えり子の事情を聞かず，一方的に相手をなじった。

【えり子の作文】
　家の人からスーパーで買い物をする手伝いを頼まれた後，急いで行ったが，よし子との約束の時間に間に合わなかった。何度かよし子の家に電話をしたが，うまくつながらなかった。
　時間に遅れたことは申し訳ないと思うが，あまり一方的に悪く言われると，気分が悪くなる。

❺ 教材の分析

　この教材は，よし子とえり子の2人の日記からできている。2つの視点から意見が述べられ，すれ違っている問題状況を多角的・多面的に考えることができる。
　この教材の道徳的問題は，時間に遅れてきたえり子が謝って理由を話しても，よし子がいっこうに聞かないところにある。ここでは，よし子がえり子に対して「約束を破っておいて，言い訳ばかり」と怒る自分本位な気持ちが表れている。
　また，えり子の謝り方にも問題はある。言い訳が先に来てしまい，謝ることが後回しになっているため，よし子の感情を逆なでしている。長時間，心配しながら待たされたよし子の心情をも理解しながら，今後のことを考えられるようにしたい。
　そこで，自分がよし子とえり子ならこの問題をどう解決するかを考えるようにしたい。子どもたちは，よし子やえり子の言い分それぞれに共感しながらも，「えり子はわざと遅れたわけじゃない」「でも，よし子のことを考えて上手に連絡できたかもしれない」などと，相手の立場や気持ちに近づこうとする考えも出てくるだろう。
　友人関係が悪化した場合でも，お互いに話をよく聞いて，お互いに納得できる考えを探していけるようにしたい。そのうえで，お互いの関係を修復し，これから同じようなトラブルを起こさないようにするためには，どうしたらよいのかを考えられるようにしたい。
　役割演技を用いて，具体的にどのような言葉をかければよいか考えて表現できるようにしたい。また，日常生活にもこうした人間関係の回復を上手に生かせるようにしたい。

❻ 学習指導展開案

（囲みは中心発問，下線は重要な発問）

	基本発問と予想される児童の反応	指導上の留意点
導入	1．相手を受け入れることについて考える。 ●班活動や遊びの中で，自分の意見を友達が聞いてくれず困った経験はありませんか。 　＊活動の計画を立てるときに，意見が分かれてもめた。	・ねらいとする道徳的価値に関連した経験を尋ねる。 ・そのとき，実際にどうしたかも尋ねる。
展開前段	2．<u>教材を読み，よし子の立場から問題解決する。</u> ●ここでは何が問題だと思いますか。 　＊よし子がえり子の話を聞いてあげないこと。 ●　あなたがよし子ならどうしますか。　 　1案…怒る。：連絡もなく待たされたから。 　2案…許してあげる。：親友だから。 　3案…理由を聞いて，今後どうするか考える。 ●どれが最もよいかな。 　＊怒ったら解決しない。いやな気持ちになるだけ。 　＊互いの考えをわかり合ったほうが仲よくなれる。	・登場人物の考えが，結果として感情や行動にどのような影響を与えるかも考えるようにする。 ・複数の解決策を考え，他人の意見は批判せず，共感的に理解するようにする。 ・2案と3案の解決策によってもたらされる結果を考え，最善のものを考える。
展開後段	3．<u>さまざまな解決策を役割演技で考える。</u> ●<u>えり子が遅れてやって来た場面で，2人はどうすればよかったでしょうか。自分なりの解決策で役割演技してみましょう。</u> 　（えりこ役）ごめんね。手伝いを頼まれて遅くなったの。 　（よしこ役）そうなの。それなら電話くらいしてよ。 　（えりこ役）何度か電話したけれど通じなくて。 　（よしこ役）今度から時間をきちんと決めて集まろう。 ●いまの役割演技について感想を交流しましょう。 　＊相手の言い分も聞いて話し合えた。	・自分なりの解決策で役割演技をする。 ・後でどうしてそうしたのかを聞いたり，役割演技のよかったところやこうしたらいいのにと思うところを考えたりする。 ・時間があればいくつか役割演技をするようにする。
終末	4．<u>身近な道徳的問題でシミュレーションし，授業後の日常生活に生かすように促す。</u> ●活動の計画を立てるときに意見が分かれた場合，どうしたらよいですか。 　＊相手の意見も聞いてから，どうしたらいいか相談したほうがいい。	・問題解決のための知恵を別の身近な問題解決にも応用できるようにする。

❼ 評価のポイント

　授業において，約束を破ってしまった相手の立場や事情もよく聞いて，今後どのようにすればよりよい友達でいられるかを考え発表している点を評価する。

　約束を守ることの大切さを自覚しながらも，相手に対する寛容の心ももてるようになったかを評価する。

　授業後の日常生活における対人関係でも，今日の授業で学んだことを活用・応用しようとしているかを評価する。

ワークシート

「すれちがい」

5年　　組　　番　名前 _____

1. 友だちが自分の意見を聞いてくれなかったのは、どんなときでしたか。

   [   ]

2. あなたが「よし子さん」なら、えり子さんがおくれてきたとき、どうしますか。

	1案	2案	3案
どうするか			
わけ			
どうなるか（結果）			

3. よし子さんは、えり子さんに何と言えばいいでしょうか。
   えり子さんは、よし子さんに何と言えばいいでしょうか。

   (よし子) _____
   (えり子) _____

4. このような問題が身近で起きたら、あなたなら何ができるでしょう。

   [   ]

❽ 指導の実際

■事前指導 〉〉〉

　アンケートで友達と意見が分かれて言い合った経験や，受容されているという意識について尋ねる。班で協力して行う係活動，当番活動，掃除の仕方，休み時間の遊びの決め方や遊びのルールなどでもめた経験があると考えられる。

■導入 〉〉〉

T　みなさんは日ごろ相手を寛容に受け入れているでしょうか。例えば，班の活動や遊びの中で，お互いの意見を理解し，寛容に聞いているでしょうか。ペアで話し合いましょう。

C　活動の計画を立てるときに，同じ意見のときは仲よくできるけれど，意見が分かれるともめることがある。

T　そのとき，どうしましたか。

C　そのまま人間関係もうまくいかなくなった気がする。

■展開前段 〉〉〉 ※よし子の日記を読み，よし子の立場から問題解決する。

T　ここでは何が問題になっていると思いましたか。

C　えり子が約束を破ったことが悪い。➡何の連絡もしないのは，ひどいと思う。

C　よし子がえり子の言い分を聞いてあげないことも問題だと思う。

T　あなたがよし子ならどうしますか。　4人1組のグループで話し合いましょう。

C1案　えり子から誘ったのに，1時間も待たされたから怒る。➡絶交するかも。

C2案　親友のえり子だから，今回は許してあげる。

C3案　理由をよく聞いてみる。➡理由によっては許してあげる。

T　どれが最もよいだろうか。

C　1案のようにすぐ怒ったら，喧嘩になるだけだと思う。お互いいやな気持ちになって友達がいなくなる。

C　でも2案のようにすぐ許してあげると，また同じ失敗を起こすかもしれない。何度許せばいいのか。反省してもらう必要があります。

C　3案のように，まずは理由をよく聞いてあげて，今後また起こらないように対策を考えたらいい。

■展開後段 〉〉〉 ※教材の後半（えり子の言い分）を読む。

T　えり子はスーパーに行く手伝いを頼まれて遅くなったようです。

　2人はどうすればよかったでしょうか。　えり子が遅れてやって来た場面を自分

なりに解決策を考えて，ペアで役割演技してみましょう。
C （えり子役）　ごめんね。スーパーに行く手伝いを頼まれて遅くなったの。
C （よし子役）　何度も電話したし，ずっと待っていたんだよ。
C （えり子役）　私も電話したんだけれど，何度もかけ直してみればよかったね。
C （よし子役）　そうね。今度から時間もきちんと決めておいたほうがいいね。
T 今度は役割を交換しましょう。いまの役割演技について感想を交流しましょう。
C 相手の考えをちゃんと聞いてあげていたからよかった。
C えり子役はつらかったけど，お互いにきちんと言い合えてすっきりしました。

■**終末**》》》
T みんなの日常生活でも今日のような話はありませんか。例えば，班活動で意見が分かれたり，遊びの決め方でもめたりしたとき，どうしたらよいと思いますか。
C 相手の意見を聞いて，どうしたらいいか相談したほうがいい。
C トラブルがあることも考えて，前もってルールを決めておくといいと思いました。
T お互いの意見を理解し合い，いろいろな問題に対処できるといいですね。そうしたことを実践してみて，習慣化することを心がけましょう。

■**事後指導**》》》※具体的な活動場面で道徳的価値を実践できたか尋ねる。
T 今週の班活動の計画では，どのように相談しましたか。
C みんなのやりたいことを聞いて，譲り合って決めました。
C 友達の意見のいいところや変えたほうがいいところなどを話し合いました。
T これからもそのように相手の意見を聞いたり，どうしたらよいか一緒に考えたりすることができるといいですね。

❾ 評価の実際

　授業において，約束を破った相手の立場や事情もよく聞き入れて，今後どのようにすればよいかを考えられた点を評価する。例えば，よし子の立場で，初めは遅刻したえり子を一方的に非難するだけだったが，えり子の気持ちや事情をよく理解した点，そして今後どのようにすれば失敗しないかを考え，判断できた点を認める。
　約束を守ることの大切さも意識しながら，一方で寛容の心をもてるようになったかを評価する。やむにやまれぬ理由で約束を守れなかった場合に，相手の立場から寛容に接することができた点を認める。
　日常生活でこの授業で考えた内容を活用・応用している点を評価する。例えば，班活動でルールを決めながら，それぞれの事情に配慮して柔軟に行動できた点を認める。

高学年［5年生］

15 「借りた学級文庫」

出典先 文溪堂，平成20年

花村　由紀

これは権利と義務をテーマとして，教材「借りた学級文庫」を用いて作成した問題解決型の道徳授業である。手続きさえすれば本を読む権利があると強硬に主張する考えと，そうした権利には義務が伴うという考えの間で，対立する点を中心に考え議論することになる。

❶ 児童の実態

　高学年になり学校生活上のルールは理解しているが，守りきれていないのが現状である。守ろうという意識はもっているのだが，自分一人だけならいいとか見つからなければいいといった甘い考えから，なかなか行動にまで達することができないこともある。例えば，図書館の本も返却日はわかっているのだが日にちを過ぎてしまったり，廊下を走ってはいけないことはわかっているのに，つい走ってしまったりすることが，日常生活の中に多くある。

　また，自分の権利について意識し始め，強く主張する傾向がある。主張は理にかなうものもあるが，自分勝手な主張であることも多いことから，友達と言い争いになることもある。一方で，義務に対する意識は低い。権利と義務という言葉は，児童にはむずかしく，わかりづらい言葉であるが，この教材を通して，自分の都合や立場から権利ばかりを主張するのではなく，相手の立場や考えも認め，自分のやるべきことを確実に果たしていくことが大切であることに気づかせたい。

❷ 主題の設定

　人間は人間らしく生きる権利をもっている。そうした権利は法やきまりなどで保障されているが，個々の権利を守るためには，他者の権利も大切にし，それ相応の義務をすすんで果たす必要がある。つまり，自分の権利を主張するためには，相手の権利や立場を尊重し，擁護することが，その人に課せられた義務となる。しかし，欲望や利害などにとらわれ，自分勝手な権利ばかりを主張してしまうことがある。

　また，課せられた義務を避けようとしてしまうこともある。そういった弱さが人間にはあるが，この教材を通して，その弱さに共感しながらも，権利を主張するためには課せられた義務を遂行することが大切であることに気づかせたい。

　さらに，円滑な社会生活を営むためには，自他の立場を考え，自分の権利を正しく主張すること，それに伴って確実に義務を遂行することが重要であることに気づかせていきたい。

●関連する内容項目： C-12 （規則の尊重）， A-1 （自由と責任）

❸ ねらいの設定

　大きなねらいは、自他の権利を大切にし、すすんで義務を果たそうとする態度を養うことである。

　教材に即したねらいは、主人公の立場から問題解決を考えることで、自他の権利や義務について考えを深め、自分の権利を主張するときは義務もすすんで果たすという態度を養うことである。

　個々の子どもに即したねらいは、自分の権利ばかり主張するのではなく、責任も併せてもたなければならないことを意識できるようにすることである。

❹ 教材の概要

> 　読みたかった本を借りた信夫は、その本を教室に置き忘れた。急いで教室に戻ったが、その本がなくなっていることに気づいてあわてた。
>
> 　帰り道、信夫は同級生の明子がその本を持っていることに気づいた。注意された明子は「この本、教室にあったものだから」と言い訳したが、信夫は明子の言い分をきちんと聞かず、一方的に非難し、「何を言ってるんだ。さあ、返してくれよ。その本は、ぼくに読む権利があるんだ」と言って、明子から本を取り上げる。
>
> 　そのとき、それまで黙っていた和枝が口を開いた。「信夫さんがその本を借りたことはわかったわ。たしかに、あなたが本を持って帰るべきかもしれない。でも、ちょっとひどいわ」。その後、信夫は学校での出来事を思い出して、自分のとった態度を反省した。

❺ 教材の分析

　この教材で道徳的問題は、借りた本をロッカーの上に置き忘れておきながら、「ぼくが借りた本だから、ぼくに読む権利がある」と信夫が主張したところである。信夫は借りた本を大切に扱うという義務を怠っておきながら、読む権利ばかりを主張してしまっている。ここでは、「係の子から借りたのだから、ぼくの本だ」、「明子は勝手に持ってきたのだから、借りたわけではない」という気持ちが考えられ、信夫の主張に児童は共感しやすいと思う。

　その一方で、和枝に「自分が借りた本なら、もっと大切に扱うべきじゃないかしら」と言われて、どう感じるか、自分だったらどうかを考えさせていきたい。本をロッカーの上に置き去りにせず、大切に持ち帰っていたら、この教材とどう違っていたかまで、比較して考えさせたい。

　自分の権利を主張するなら、自分の責任も果たさなければならないという意味で、

権利と義務の関係を押さえ、信夫と明子の2人はどうすればよかったのかを考えさせたい。教材の問題に取り組むことで、「自分だったらどうしたらよいか」を考え、自己を見つめ直させたい。

❻ 学習指導展開案

(囲みは中心発問，下線は重要な発問)

	基本発問と予想される児童の反応	指導上の留意点
導入	1．「権利」について考える。 ●自分はどんな権利を主張したいと思うか。 　＊遊ぶ権利　＊勉強する権利　＊物を買う権利	・「権利」という言葉の意味を説明する。
展開前段	2．「借りた学級文庫」を読む。 　●信夫と明子の立場に立って、どうすればよいか考えよう。 　★信夫の立場だったら 　　＊ぼくに読む権利があるから、本は持って帰る。 　★明子の立場だったら 　　＊置いてあったのに、うそつきなんて。 　●和枝の話を聞いた後、自分ならどうするか。 　　＊自分の不注意で無責任なことをした。 　　＊本を借りたら、大切に扱わなければならない。 　　＊明子の言い分を聞かず、自分勝手に権利を主張してしまったことはよくない。	・信夫と明子の立場に分けて考えさせる。 ・グループで話し合った後、全体で考えを交流する。 ・和枝の話を聞いた後は、信夫はどう変化したかを確認する。 ・信夫が本を大切に扱っていたら、教材とどう違っていたかを切り返し発問をして考えさせ、価値に迫る。
展開後段	3．教材の続きを考える。 ●次の日、信夫と明子はどうするとよいだろうか。 　＊信夫…自分の権利ばかりを主張したことを謝る。借りた本を大切に扱うことを約束する。持ち帰った本を先に明子に貸してあげる。 　＊明子…学級文庫の本は、借りる手続きをとってから借りるようにする。	・両方の立場について考えさせ、交流する。 ・具体的にどうすればよいかを行動面でも考える。
終末	4．授業のまとめをする。 ●権利とは、どのようなものでしょうか。 　＊自分の権利を主張するには、責任を果たさなければならないこと。 　＊相手の立場や考えも認め、自分のやるべきことを果たしていくこと。	・話し合ったことをもとに、自分の生活に生かせるようにする。

❼ 評価のポイント

　信夫と明子の立場に立って、本の貸し借りについて、納得できるような問題解決を協働して行う過程を評価する。

　授業の始めから終わりにかけて、権利と責任についてどのように認識を深めたかを評価する。

　日常生活でも権利と責任の考えをバランスよく取り入れて行動している点を評価する。

ワークシート

「借りた学級文庫」

5年　　組　　番　名前

1. 自分には，どんなけん利があるだろう。どんなけん利を主張したいだろう。

2. 信夫と明子の立場に立って考えてみよう。

　①信夫の立場

　どうすればいいか

　そのわけ

　②明子の立場

　どうすればいいか

　そのわけ

3. 次の日，信夫と明子はどうすればいいでしょうか。

4. この話のような問題があったとき，あなたなら何ができるでしょう。

❽ 指導の実際

■導入 》》》

T 権利という言葉を知っていますか。権利というのは，国や社会などのきまりで認められ守られているのものや，ある物事をすることの資格という意味です。例えば，「自分には○○する権利がある」ということがあるよね。みなさんは「自分にはどんな権利がある」と主張したいですか。

C 生きる権利。勉強する権利。遊ぶ権利。物を買う権利。

T 「権利」という言葉が教材の中にも入っています。そのことについて，今日は考えてみましょう。

■展開前段 》》》 ※教材の前半（信夫が明子を批判して，本を取り上げる場面まで）を読む。

T 自分が信夫だったら，明子だったらどうするでしょうか。信夫と明子のグループに分かれて考え，その後で発表しよう。まず，信夫の立場だったらどうですか。

C ぼくに読む権利があると強く主張する。➡明子はうそつきだ。➡敬一君が証人だ。

T 明子の立場だったらどうですか。

C 信夫君は本を置いていったのに，うそつきなんてひどい。➡借りたことを知らなかった。

C 借りたのなら，もっと大切に扱うべきだ。

T それぞれの言い分がありますね。

※教材の後半（和枝の話を聞いて反省する場面）を読む。

T 和枝の話を聞いた後，2人はどうしたらよいと思いますか。4人1組のグループで話し合いましょう。

C 本を借りたのだから，和枝の言ったとおり大切に扱わなければいけない。

C でも，明子もロッカーの上に置いてあるからといって，借りる手続きをしていないのに，持って帰るのはよくないと思う。

T いまの意見についてどう思いますか。

C 借りたのは信夫なんだから，信夫に読む権利があると思う。

T 自分が明子だったらどうですか。

C 明子も手続きなしはよくないけど，大切に扱っていない信夫にも責任がある。

T もし信夫が借りた本を大切に扱っていたら，この教材とどう違っていただろう。

C 明子は本を持ち帰らなかった。

C 信夫は明子にうそつきだと言ったりすることもなかった。

T 信夫が本を大切に扱ってさえいれば，明子にいやな思いをさせることも起こらなかったし，明子が本を持って帰ることも起こらなかったんだね。

T 信夫が本を読む権利を主張したけれど，この権利を主張するならば，どういうこ

とが必要になってくるのだろう。
C　やっぱり，本を読む権利を主張するのなら，本は大切に扱わなければならない。
T　自分の権利を主張するならば，その責任も果たさなければならないことが大切だ。

■**展開後段** 》》》

T　<u>次の日，信夫と明子はどうすればよいと思いますか。</u>翌日の展開をワークシートに書いてみましょう。
C　信夫は，明子に自分の権利ばかりを主張してしまったことを謝ったほうがよい。そして，借りた学級文庫の本は，これからは大切にすると約束すればいい。
C　信夫は，持ち帰った本を次の日に明子に先に読むように譲ったらいい。
C　明子は，勝手に学級文庫の本を持ち出したことを謝るべきだと思います。これからは借りる手続きをしてから持って帰るようにしたほうがいいと思いました。
T　信夫と明子の両方の立場から歩み寄ることができましたね。

■**終末** 》》》

T　自分が主張したい権利が授業の初めにみんなから出てきました。<u>そうした権利を自分が主張するためには，どうすればよいと思いますか。</u>自分についての出来事で考えてみましょう。
C　遊ぶ権利を主張するのなら，学校では時間を守ってチャイムで席に着けるようにすることが大事だと思います。権利には責任が伴うからです。
C　いつも最後にボールを触っていないと主張して，ボールを片付けることを友達に任せていたけど，次からは使ったボールをきちんと片付けようと思いました。
C　学級文庫の本や図書館の本を借りたのなら，返却日までにきちんと返さなければいけないと思った。それが，みんなのためにする責任だと思った。
T　これからの学校生活に，今日の授業で考えたことを生かしていけるといいですね。

❾ 評価の実際

　信夫と明子の立場で本の貸し借りについて問題解決する過程を評価する。初めは，信夫のように一方的に権利を主張する声が多かったが，明子や和枝の考えにも理解を示し，他者の権利や自分の責任も一緒に考えられるようになった点を認める。

　権利と責任について，どのように認識を深めたかを評価する。例えば，導入部では，権利さえあれば何でも通ると考えていた子が，終末では権利を主張するなら義務や責任にも配慮すべきであると話していた点を認める。

　日常生活でも権利と責任の考えをバランスよく取り入れている点を評価する。例えば，ボールで遊ぶ権利があることばかり主張せず，ボールで遊んだら必ず元の場所に片付ける責任もあることを自己評価していた点を認める。

16 高学年［6年生］「うばわれた自由」

出典先 『私たちの道徳　小学校5・6年』

嶋田　進吾

これは自由と責任をテーマにして，教材「うばわれた自由」を用いて作成された問題解決型の道徳授業である。個人の自由は尊重されるべきだが，それは同時に責任を伴うことを理解し，よりよい社会を築くためにどのように行動すべきかを考え議論する。

❶ 児童の実態

　小学6年生になると最上級生として日常生活でも自由で主体的に行動しようとする児童が増えてくる。ただし，そのなかには「自由」と「自分勝手」を混同し，他人の迷惑になる行動をとってしまう者もいる。

　そのような自分勝手な行動が見れらるときは，そのたびごとに指導をしてきているが，なかなか改善されないのが現状である。また，そのような他人の勝手な行動に対して注意をする児童もいるが，逆にきつく言い返されたり，相手にされなかったりして，半分あきらめてしまっている様子も見られる。

　道徳意識アンケートをすると，自己肯定感が低いこともわかった。自己肯定感が低い児童たちは，自分に自信がないだけでなく，友達との人間関係を築きにくい傾向にある。児童に自己肯定感が低い要因として，友達から認められる経験が少ないことと，心ない言葉かけなどで傷ついていることなどが考えられる。

❷ 主題の設定

　人はだれもが他人に束縛されることなく「自由」に生きたいと願っている。しかし，そのためには自他を尊重し，集団の秩序を守るための規律が不可欠である。この時期の子どもは，「自由」と「自分勝手」の違いをある程度まで理解しているが，義務や責任を押しつけのように感じて放棄し，自分勝手な行動に走る姿も見られる。

　そこで，「自由」と「自分勝手」について，教材「うばわれた自由」を通して考え，日ごろの生活の中から具体的な場面を取り出し，ほんとうの「自由」について考え，自分の行動に責任をもつことの大切さを理解させたい。

●関連する内容項目： A-1 （自由と責任）， C-12 （規則の尊重）

❸ ねらいの設定

　大きなねらいは，自由を大切にするとともに，規律ある行動をしようとする態度を育てることである。

　教材に即したねらいは，ガリューやジェラール王子の考えを比較しながら，ほんと

うの自由について考え，責任ある行動をとれるようにすることである。

　個々の子どもに即したねらいは，自由と自分勝手を混同している子どもが，自分の行動に責任をもてるようにすることである。

❹ 教材の概要

> ①わがまま者のジェラール王子がきまりを守らず，酔い覚ましに森で狩りをやっていた。そこに森の番人であるガリューがやってきて，ジェラール王子に注意する。ジェラール王子は「自由」を主張するが，ガリューは「それはほんとうの自由ではない」と反論する。ガリューはジェラール王子に対して生意気であると言われ，捕えられてしまう。
> ②その後，ジェラール王子がその国の王様になり，王自身が身勝手な行動をするようになった。すると，国民も法やきまりを守らなくなり，世の中がどんどん乱れてしまった。
> ③そこで，大臣たちが謀反を起こし，ジェラール王を捕えて牢屋に入れてしまった。
> ④その後，牢屋でジェラール王とガリューが再会することになった。ガリューは釈放されることになり，ジェラールに励ましの言葉を残して出ていく。

❺ 教材の分析

　教材①の場面における道徳上の問題は，自由に楽しく生きるためには，きまりなど守らなくてもいいというジェラール王子の考え方や行動にある。そこでまず，教材①の場面に出てくるジェラール王子のいう自由について考える。ジェラール王子の考え方の何が問題であるのか，どうすればよいかを議論する。

　次に，教材の②から④までを読むと，ジェラール王の考えがどのような結果を招いたのかがわかる。ここではなぜジェラール王が「自由」を奪われたのかを考えることで，ジェラールの考えていた「自由」とは，「ほんとうの自由」ではなかったことに気づかせる。ガリューが言っていた「ほんとうの自由」とは何かについて考える。

　最後に，ジェラール王子のような失敗をしないようにするためには，どうすればよいかを考える。

　また，子どもたちがこの教材を自分たちの日常生活と重ね合わせることで，だれもが「自由」に楽しく生活していくために大切なことは何か，どのように生きるべきかを考えられるようにしたい。

❻ 学習指導展開案

(囲みは中心発問,下線は重要な発問)

	基本発問と予想される児童の反応	指導上の留意点
導入	1.「自由」について考える。 ●みなさんが自由だと感じるのはどんなときですか。 ＊好きなことをしているとき。 ＊思いどおりに何でもできるとき。 ●みなさんが不自由だと感じるのはどんなときですか。 ＊いろんなきまりに縛られているとき。	・自分が「自由だ」「不自由だ」と感じるときを出させ,自由のイメージを広げる。
展開前段	2.教材「うばわれた自由」を読み,話し合う。 ●ここでは何が問題になっていますか。 ＊ジェラール王子がしたいことをしたいようにすること。 ＊好き勝手に振るまい,人に迷惑をかけること。 ●<u>ジェラール王はどうすればよかったのでしょう。</u> ＊自分が王子でもわがままを通さず,模範的になる。 ＊「自由」の意味をよく考えるべきだった。	・ジェラールの「自由」に関する発言までを読み,ジェラールの言葉から考えさせる。 ・教材の続きを読み,ジェラール王子が王になった部分から読み取らせる。
展開後段	3.「ほんとうの自由」について考える。 ●「ほんとうの自由」とはどんなことでしょう。 ＊他人に迷惑をかけないで自分の好きなことをする。 ●<u>よりよい社会を築くために,一人一人がどのようなことに気をつけて生活すればよいでしょうか。</u> ＊自分の行動が人に迷惑にならないか考える。 ＊自分の行動に責任をもつ。 ＊きまりを守る生活を送る。	・最初に考えていた「自由」と「ほんとうの自由」との違いを見極める。 ・自分の生活を振り返り,実践できることを考えさせる。
終末	4.授業のまとめをする。 ●明日から1週間ほど「自分の行動に責任をもつこと」を考えながら過ごしていきましょう。	・授業の内容を今後の日常生活に生かすよう指導する。

❼ 評価のポイント

　ガリューとジェラール王子の考え方を比べながら,自由と規律が葛藤する状況を多面的・多角的に考えて,どのように行動すべきかについて考えた過程を評価する。

　「自由」に対する考え方や捉え方が授業の前後でどう変化したかを評価する。

　よりよい社会を築くために一人一人がどのようなことに気をつけるべきかについて考えた点を評価する。

　自由で責任のある行動を1週間ほど実践してみて,学級会の時間に自己評価カードに記入する。自分の行動をスケーリングしてみて,今後の目標や課題を設定する。

ワークシート

「うばわれた自由」

6年　　組　　番　名前

1. 自由って何だろう。
   ○自由だなと感じるときは，どんなときですか？

2. 教材を読み考えよう。
   ○ここでは何が問題になっていますか。

   ○ジェラール王はどうすればよかったのでしょう。

3. よりよい社会を築くために，私たちはどのようなことを意識して生活すればよいでしょうか。

自己評価カード　　[　　　　　]　１週間

　　　　　　　　　年　　組　　番　名前　_____

① この１週間の行動目標

② 毎日のふり返り
　　○……達成できた。　　×……達成できなかった。　　△……どちらともいえない。

日　に　ち	○・×・△	行動したこと
(　)月(　)日		
(　)月(　)日		
(　)月(　)日		
(　)月(　)日		
(　)月(　)日		
(　)月(　)日		
(　)月(　)日		

③ １週間をふり返って
　　あなたの行動は，10点満点で何点ですか。
　　基準：１〜５点　ほとんど行動できなかった。
　　　　　６〜９点　できたときもあるし，できなかったときもあった。
　　　　　10点　　　いつも意識して行動できた。

点

⑧ 指導の実際

■導入 》》》

T　みなさんが「自由だな」と感じるのはどのようなときですか。
C　好きなことをいっぱいできるとき。例えばゲームを何時間でもできるとき。(笑)
C　思いどおりに何でもできるとき。
T　逆に,「不自由だなあ」と思うのはどんなときですか。
C　思いどおりにさせてもらえないとき。テレビやゲームの時間を制限されると不自由。
C　自分の自由とほかの人の自由がぶつかるとき。
T　いろんな自由があるようですね。今日は自由について考えていきましょう。

■展開前段 》》》　※教師が「うばわれた自由」の中のガリューが捕えられるところまで読む。

T　ここでは何が問題になっているでしょうか。
C　ジェラール王子がきまりを破って,森で狩りをしていることです。
C　自分だけは何をやってもいいと思っているジェラール王子に問題があります。
T　森の番人ガリューはどうすればよかったと思いますか。 4人1組のグループで話し合いましょう。
C　たとえ相手がジェラール王子でも狩りを禁止すべきだと思います。
C　でも,その結果としてガリューは牢屋に入れられてしまいます。相手を見て注意すべきではないでしょうか。
C　それでは,個々人の都合でルールが破られることになってしまいます。
T　ガリューの主張は正しくて立派だったけど,この国では通らなかったようだね。
※次に,「うばわれた自由」の後半を読み,ガリューが釈放され,ジェラール王が捕えられるところを確認する。

T　ここでは何が問題になっていますか。
C　ジェラール王が好き勝手に振るまったので,牢屋に入れられたことです。これは自業自得だから,仕方ないと思います。
C　国が乱れる前に,もっと早くジェラール王を止めるべきだったと思います。➡でも,だれも止められなかったんだよ。逆らえばガリューのように投獄されるし。
T　ジェラール王はどうすればよかったのでしょうか。 グループで話し合いましょう。
C　自分が一番の権力者だから何でも自由にできると考えるのは間違いだということに早く気づくべきだった。
C　国民の模範となるような振るまいをするべきだった。王様は影響力が強いから。

■展開後段 》》》

T　「ほんとうの自由」とはどんなことなのかな。

C 他人に迷惑をかけないで，自分の好きなことをすることだと思います。
C 自分の振るまいにきちんと責任をとれることが，ほんとうの自由だと思います。
C 自分が自由を適切に抑えることで，ほかの人も勝手な振るまいを抑えてくれるようになると思います。
T <u>よりよい社会を築くために，一人一人がどのようなことを意識して生活すればいいでしょうか。</u>グループで話し合いましょう。
C 自分の都合のよい自由だけでなく，人の迷惑や権利を考えて生活したほうがよいと思います。そうしないと，ジェラール王のように捕えられて，逆に不自由になると思います。
C 自分の行動が社会にどのような影響を及ぼすかをよく考えて，それぞれの行動に責任をもてるようにすべきだと思います。

■終末 〉〉〉

T 今日の授業で何を学び考えましたか。
C 偉いからといって好き勝手やっていいわけではありません。偉くなったら，人の見本となる行動をとる必要があると思いました。
C 調子にのると大きな失敗をすることがあります。自由にできるといっても，その結果どのようになるかも考えなければいけないと思いました。
T 自由に生きることはすばらしいことですが，それで他人や社会に迷惑をかけることがあっては困ります。『私たちの道徳 5・6年』の31ページで福澤諭吉が言うように，「自由とわがままとの界は他人のさまたげをなすとなさざるとの間にあり」。明日から1週間ほど，自分の行動に責任をもち，「ほんとうの自由」を念頭において過ごしていきましょう。

❾ 評価の実際

　ガリューとジェラール王子の考えを比較しながら，自由と規律が葛藤する状況を多面的・多角的に考えて，具体的にどのように行動すべきかを考えられた点を評価する。特に，ジェラール王子がどのように振るまえばよかったかを具体的に考え，自己の生き方を振り返って内省している点を認める。

　「自由」に対する考え方や捉え方が授業の前後でどう変化したかを評価する。例えば，自由とは自分の好きなように勝手な行動ができると考えていた子どもが，自由には他人への配慮が必要であると考えるようになった点を認める。

　「ほんとうの自由」とは何かを理解し，自由と責任のある行動を1週間ほどしてみて，学級会の時間に自己評価カードに記入する。また，自分の行動をスケーリングしてみて，今後の目標や課題を設定する。

⓱「のりづけされた詩」

高学年［6年生］

出典先 学習研究社

上岡　広正

> これは個性の伸長 A-4 と正直，誠実 A-2 の葛藤をテーマとして，教材「のりづけされた詩」を用いて作成した道徳授業である。詩作をする際，気軽に盗作してしまったことが，のちのち大きな責任問題になる点を取り上げ，どうしたらよかったのかを具体的に考え議論する。

❶ 児童の実態

　本学級においては，善悪の判断をせずに行動したり，課題ができていなくてもそのままで終わってしまったりする児童がいる。宿題のドリル学習も，できないまま見せるより，答えを写して提出する児童もいる。また，仲間意識が高まり，周囲から自分がどう思われるかを気にした行動が見られる。そのため，集団の中で周囲に合わせて自分の意に反する行動をしたり，相手によって態度を変えたりする児童がいる。

　道徳意識アンケートの結果，自己肯定感の低い児童が多く，被害意識や加害意識が強い児童も数名いた。そのうち1名は周りの人に迷惑や被害を及ぼしていることを自覚しつつも，実際の言動として改善できてない。また逆に，アンケート結果には顕著に表れていないが，周りに迷惑をかけていることに気づいていない児童がいることも課題である。

❷ 主題の設定

　この時期の子どもたちは，社会の仕組みや人間関係についての認識を深めるようになり，うそと真実を見極め，相手の不誠実な言動を厳しく追及するようになる。一方，目立ちたいとか叱られたくないなどの感情によって，誠実で明朗な生き方を損なうことも少なくない。そうしたなか，よくないとは知りながらもつい誘惑に負けてしまい，楽なほうへ流れてしまいそうになることがある。

　そこで，このような傾向にある子どもたちが自分の良心に従い，誠実な行動がとれるようにしていきたい。自分にも他人にも誠実であることが，誘惑に負けない心を培い，自分を成長させ，さまざまな可能性を広げてくれることに気づかせたい。

● 関連する内容項目： A-4 （個性の伸長）， A-2 （正直，誠実），
　　　　　　　　　　 A-1 （自由と責任）， C-12 （規則の尊重）

❸ ねらいの設定

　大きなねらいは，規則の重要さを認識するとともに，過ちを犯した場合は誠実に行動しようする態度を育てることである。

教材に即したねらいは，主人公の和枝の立場で自由な創作活動の尊さと盗作の間違いを理解したうえで，うそやごまかしをしない道徳的判断力を養うことである。

個々の子どもに即したねらいは，少しくらいの不正は許されると軽く考えている子どもがその結果の重大性に気づき，自律的に責任のある行動ができるようにする。

❹ 教材の概要（一部改作）

> 【前半】主人公の和枝のクラスでは，学級文集を作ることになった。詩を書くのが得意な和枝は仲よしの光子と詩を載せる約束をしたが，なかなかいい詩が思い浮かばなかった。
> 　そんなとき，本棚にあった本をめくっていたら，自分が書こうとしている内容とぴったりの詩を見つけた。焦りから和枝はついその詩の題名と出しの2行を自分の詩の中に取り入れてしまう。やがて，文集の印刷が出来上がり，表紙を付けるだけになった。和枝はこれでよいのかと，いろいろ悩み苦しんだ。

> 【後半】和枝は放課後，担任の先生のところへ行き，自分が盗作したことを正直に打ち明けた。出来上がった文集の和枝のページには，鉛筆で書かれた別の詩が一枚一枚糊づけされていた。

❺ 教材の分析

　この教材の中で道徳的問題は，和枝が自分の詩を完成させるために，人の作品の一部をそのまま書き写して提出してしまった行動にある。ほんの数行であっても，それは明らかに盗作であり，剽窃である。

　授業ではまず，和枝の心の中の葛藤状況を理解させる。こうした場面で，和枝はどうしたらよいかについて，その結果を踏まえてじっくり考えたいところである。

　次に，自分が和枝だったら，自分がやった過ちをいつどこで話すかについて考える。もし話すならだれに話すかも考えたい。子どもの中には，隠しておきたいという和枝の心情に共感する者もいるであろうが，後で見つかった場合には被害が広まってしまうことにも思いが及ぶようにしたい。

　さらに，和枝が正直に先生に話す場合には，具体的にどのように言えばよいかを役割演技で考える。頭でわかっていることを行動に移すために，どうすればよいかについて考えを深めるようにしたい。

　最後に，「なぜうそをついたり，ごまかしたりしてはいけないのか」を考え，自他に対して誠実であることが，結局は自分の成長や可能性の拡大につながることを気づかせたい。

❻ 学習指導展開案

(囲みは中心発問,下線は重要な発問)

	基本発問と予想される児童の反応	指導上の留意点
導入	1．正直に話すことについて考える。 ●何でも正直に話すことができますか。 ●正直に話せないときはどんなときですか。 　＊怒られそうなとき。　＊やることが増えそうなとき。 　＊しんどくなりそうなとき。　＊どうでもいいとき。	・「正直」に行動できないときの気持ちを考えることで,「正直」とは何かを考えさせる。
展開前段	2．教材「のりづけされた詩」の前半を読む。 ●和枝は何を悩んでいるのでしょうか。 　＊詩の題と初めの2行を5年生の詩集から黙って取ったこと。 ●自分が和枝なら,自分がやったことを話しますか。 　＊話す：ずっと気になるから。➡後悔するから。 　＊話さない：気持ちがすっきりしないから。 ●もし話すならだれに話しますか。それはなぜですか。 　＊友達：あまり責められないから。 　＊先生：どうしたらよいか相談したいから。	・和枝の心の葛藤をつかませる。 ・「話す」「話さない」の両方の立場で,その理由を引き出す。 ・だれにだったら話せるかも確認する。
展開後段	3．話す内容について考える。 ●和枝は先生にどう話したらよいだろうか。ワークシートに自分の考えを書いてみよう。 　＊私は詩を一生懸命に考えたのですが,初めの2行がうまくできませんでした。それで本の詩を無断で真似しました。 ●ペアで役割演技をしてみましょう。 ●どうすれば正直な気持ちが相手に伝わるでしょうか。 　＊ごまかさないで話す。 　＊言い訳をしないで,きちんと話す。	・なぜ,その人を選んだかを問いかける。 ・役割を交替して行い,お互いに気持ちが伝わったかを確かめる。
終末	4．授業のまとめをする。 ●なぜうそをついたり,ごまかしたりしてはいけないのでしょう。 　＊人の信頼をなくすから。 　＊自分をごまかすことになるから。 　＊努力をしなくなり,心の成長を止めてしまうから。	・学習を振り返り,ワークシートに書く。

❼ 評価のポイント

　和枝の立場になって,うそをついてでも成功したい気持ちと正々堂々と誠実に生きる気持ちを比較して,どのように生きたらよいか考えを深めている過程を評価する。

　「正直」に対する子どもの考え方や捉え方が,授業の前後でどう変化したかをワークシートの記述や発表の様子から評価する。

　「自分にも人にも誠実に生活する」ためにどうすればよいかについて考え,1週間の実践期間を設け,自己評価してもらう。

ワークシート

「のりづけされた詩」

6年　　　組　　　番　名前

1．どんなときに正直に話せますか。また，話せないときはどんなときですか。

正直に話せるとき	
正直に話せないとき	

2．あなたが和枝さんだったら，自分のあやまちを話しますか。話しませんか。
その両方の立場から，理由と結果を考えてみましょう。

　話す　　⇨（理由）

　　　　　　（結果）

　話さない⇨（理由）
　(話せない)
　　　　　　（結果）

3．和枝さんになって，先生に話してみましょう。

4．今日の授業で，どんなことを考えましたか。
　これからどんなふうに生きたいですか。

8 指導の実際

■導入 >>>

T　みなさんは日常生活で何でも正直に話すことができますか。
C　正直に話している。別にうそはついていません。
C　いつも何でも正直に話しているとはいえない気がします。
T　正直に話せないときとは、どのようなときですか。
C　先生や親から怒られそうなとき。しんどくなりそう……。
C　正直に言うと、喧嘩になりそうなとき。適当にごまかしてしまうかもしれない。
T　今日はそうした話題について考えてみましょう。

■展開前段 >>> ※教材「のりづけされた詩」の前半（和枝が悩んでいる場面まで）を読む。

T　ここでの問題は何でしょうか。
C　和枝が詩を完成させるために、人の作品をそのまま写して提出してしまったことです。
C　先生に正直に言ったほうがよいか、このままずっと隠しておくかだと思います。
T　自分が和枝なら、そのことを話しますか、話しませんか。もし話すなら、だれに話しますか。
　　4人1組のグループで話し合いましょう。
C1案　先生に正直に話します。：黙っていると、ずっと気になると思うからです。
T　その結果、どうなると思いますか。
C　先生に言えば、ひどく叱られると思います。すべて削除されるかもしれません。
T　先生以外の人に言うという人はいませんか。
C2案　友達にちょっと話してみてもいいと思います。：気軽に話せるからです。
T　話さない理由は何でしょうか。
C3案　ぼくは話さないと思います。：悪気があってやったわけじゃないし、偶然、似てしまったともいえるからです。
C　「話さない」のではなく、「話せない」のだと思う。後で罰を受けるから。
C　私も話さないような気がします。あんまり罪悪感もなしにやっているし、見つからなければ隠し通せるからです。
C　いまさら申し出ても、もう印刷するから間に合わないと思います。
T　もし後で写したのがわかったとしたら、どうなるでしょうか。
C　みんなからひどく非難されます。この詩を知っている人がいるかもしれません。
C　やっぱり早めに謝っておいたほうがいいんじゃないかな。遅くなればなるほど取り返しがつかなくなるからね。

■**展開後段** 〉〉〉 ※教材「のりづけされた詩」の後半を読む。

T　和枝は最後に先生に話して，文集には鉛筆で書かれた別の詩を一枚一枚糊づけしました。和枝はどんなふうに先生に言ったのだろう。ワークシートに書き込んでみよう。出来上がったら，ペアで発表し合いましょう。

C　私の詩の題と初めの２行は「５年生の詩集」に載っていた詩を使ったものです。ごめんなさい。

C　私は詩を一生懸命に考えたのですが，初めの２行がうまくできなくて，人の詩を真似しました。申し出るのが遅くなってすみません。

C　うっかりほかの人の詩を自分の詩に使ってしまいました。いま，思い出しました。

T　役割演技をしてどのように思いましたか。

C　すっきりしました。なかなか言い出せなかったけれど，きちんと言えたことでまた新たな出発ができるような気がします。

■**終末** 〉〉〉

T　なぜうそをついたり，ごまかしたりしてはいけないのでしょうか。

C　人の信頼をなくしてみんなから非難されるから。そうすると，自分で自分を責めるようにもなるから。

C　ズルをすると，重い影を引きずってしまい，その後，真面目に努力をしなくなるから。こういうのは早めにきちんと謝って，やり直したほうがいい。

T　たしかにズルいことをしてしまうと，ほんとうの自分を見失うことになり，いいかげんな人生を歩むことになります。それでは，心の成長を止めてしまいます。今日の授業で学んだこと，これからどのように生きたいかをワークシートに書いておきましょう。

❾ 評価の実際

　和枝の立場になり，うそをついてでも成功したい気持ちと正々堂々と誠実に生きる気持ちを比較して，どのように生きるべきかについて考えを深めることができた点を評価する。具体的に和枝は先生にどのように告白すべきかも考えられた点を認める。

　「正直」に対する考え方や捉え方が，授業の前後でどう変化したかをワークシートの記述や発表の様子から評価する。初めは，「少しくらいずるいことをしても大丈夫だ」と考えていたが，やはり，うそ・偽りを実践してしまうと，人生はよくないと考えるにいたる点を認める。

　「自分にも人にも誠実に生活する」ためにどうすればよいかについて考え，１週間の実践を自己評価する。自分の行動をスケーリングで振り返り，今後の目標や課題を見いだすようにする。

18 高学年［6年生］「田中正造―正義のために生きた人―」

出典先 光村図書

柳沼　良太

これは公正，公平，社会正義と規則尊重の考えで葛藤する問題をテーマとして，「田中正造」を用いて開発した問題解決型の道徳授業である。田中正造が足尾銅山鉱毒事件の被害をいくら訴えても是正されないなか，規則（法律）をどこまで尊重すべきなのかを根本的に考え討論する。

❶ 児童の実態

　6年生は最上級生らしく下級生の面倒もみて，リーダーとして振るまうこともできるようになっている。係活動や生徒会活動，学校行事も率先して行う姿が見受けられる。ただし，ときおり弱者に対して乱暴な言葉遣いをしたり，辛辣な言葉で相手をからかったりする態度もある。

　また，学校内の活動には積極的に参加するが，社会全体に対する関心は薄いところがある。偉人・先人の本もよく読んでいるが，あまり自分たちの生活に結びつけて考えているところはない。小学校卒業に向けて，もうワンランク上の道徳的認識を身につけ，多面的・多角的に考えられるようにしたい。

❷ 主題の設定

　子どもたちが自分たちの身近な問題を考えるだけでなく，社会全体に目を向けて広く人間としての生き方について考えるようにしたい。単に自分たちの生活さえよければ満足という認識レベルから，社会のさまざまな人々の問題を切実に考え追究する認識レベルに高めていきたい。そこで，田中正造という歴史上の偉人を取り上げることで，苦悩する弱者に思いを寄せ，社会をよりよくしようとする態度を育みたい。このテーマでは歴史上の知識もある程度，習得しておく必要がある。

●関連する内容項目： C-13 （公正，公平，社会正義）， C-12 （規則の尊重）

❸ 授業のねらい

　「大きなねらい」は，周囲に影響されたり，自己中心的な考えに陥ったりせず，自他の不正や不公平を許さない断固とした姿勢をもち，自分が正しいと信じることを積極的に実践することで，社会をよりよくしていこうとする意欲を育てることである。

　教材に即したねらいは，足尾銅山鉱毒事件の解決に打ち込んだ田中正造の生涯を理解し，どうすれば社会正義を実現できるか考え，判断する力を育てることである。

　個々の児童に即したねらいは，不正なことでも全体に同調してしまいがちな児童がきちんと善悪を判断して，正義の大切さを自覚して行動できるようにすることである。

❹ 教材の概要

> ①衆議院議員である田中正造は，議会で足尾銅山の鉱毒被害を訴え，政府の責任を追及した。しかし，正造が幾度主張しても，政府や鉱山側は真剣に取り合おうとしなかった。
> ②そうした政府の対応に正造や農民たちは，苛立ちを募らせた。そこで，農民たちは武力行使に出ようとした。しかし，正造は必死の思いで農民たちを差し止めて，国会質問における討論で訴え続けた。
> ③ついに正造は，衆議院議員を辞めて，明治天皇に直訴した。このとき，直訴には失敗したが，世論を動かすことになった。その後も正造は鉱毒問題の解決に生涯をかけて打ち込んだ。

❺ 教材の分析

　この教材における道徳的問題としては，足尾銅山鉱毒被害のような公害をどのように解決すべきかがあげられる。ただ，これだとテーマが大きすぎて解決が困難になるため，この当時の時代背景や社会状況を理解しつつ，田中正造はどうすればよかったかを話し合うことにする。

　正造のとるべき対応策にはいろいろ考えられる。農民たちと一緒に武力行使に出ることもできるし，政府や企業と交渉することもできるし，国会議員として国会で訴え続けることもできる。そのなかでも，正造が最終的に天皇に直訴した点を取り上げ，その是非を多面的・多角的に考えることもできる。

　正造の姿は，自分の利益だけを考えるのではなく，だれに対しても公正・公平であろうとし，自身が考える正義を貫くことの大切さを表わしている点を押さえたい。まさに名前のとおり，正（義）を造る人であったことに気づかせたい。

　また，正造は死に際してほとんど財産を持っていなかったが，数万人もの人が葬式に参列した意味も考えたい。

　人の命よりも国や企業の利益を優先させることで起きた深刻な公害について，子どもたちが多面的・多角的に考え，議論できるように，さまざまな予備資料も用意して，事前学習に役立てるようにしたい。

　当時の社会背景として，明治政府が富国強兵や殖産興業を目指しており，足尾銅山がこの当時国内で40〜50％の銅生産率で，国内第１位だったことも認識させておく必要がある。

❻ 学習指導展開案

(囲みは中心発問，下線は重要な発問)

	基本発問と予想される児童の反応	指導上の留意点
導入	●社会科で公害について学びました。こうした公害はなぜ起こったと思いますか。 ＊企業が利益を優先した。 ＊人の命を軽視している。 ●今日は公害問題の１つとして足尾銅山鉱毒事件で活躍した田中正造の話を取り上げます。	・日本の四大公害について復習する。 ・当時の足尾銅山の被害状況を写真で示し，内容に関心をもたせる。
展開前段	<u>教材の場面①を教師が読み上げる。</u> ●<u>ここでは何が問題になっていると思いますか。</u> ＊公害がひどく被害がたくさん出ていること。 ＊政府がなかなか動いてくれないこと。 ●正造はどうすればよかっただろう。 ＊政府に期待して国会で訴え続けるべき。 ＊民衆と一緒に闘うべきではないか。 ＊平和的に解決することが正しい。	・複数の問題状況を整理する。 　・企業の公害問題 　・政府の不誠実な対応 　・訴える手段の正当性 ・いろいろな解決策があったことに気づかせる。 　・社会全体に目を向けているから。 　・人々の命を助けるため。
展開後段	<u>教材の場面②を教師が読み上げる。</u> ●<u>正造が直訴したのはよかったか。</u> ＊国会議員を辞めるべきではなかった。政府に意見を聞いてもらえなくなる。 ＊最後の手段として仕方ない。 ＊国会議員のままでは直訴ができない。 ＊人間の尊厳を守るべきだ。	・田中正造が明治天皇に直訴しているイラストを見せる。当時の新聞なども紹介する。 ・直訴の結果だけではなく，正造の信念にも迫って多面的・多角的に考える。
終末	●<u>田中正造の生き方から何を学びましたか。今後の自分にどう生かしていきたいですか。</u> ＊正造の生き方はかっこいい。 ＊自分も最後まで信念を貫けるような人になりたい。	・ワークシートに記入し，回収した後，記述内容を評価する。 ・今後の日常生活の様子も観察する。

❼ 評価のポイント

　足尾銅山鉱毒事件において田中正造はどうすればよかっただろうか，自分ならどうしていただろうかについて考え，議論する過程を評価する。

　田中正造の生涯とその思想と関連づけながら，公正，公平，社会正義についてどれほど理解が深まったかを評価する。

　授業後の学校生活において，公正，公平，社会正義に基づく実践意欲が高まったかについて評価する。実際に学校生活の中で，公正・公平に行動できている点を具体的に認める。

田中正造　[作　柳沼良太]

場面①

　足尾銅山の鉱毒事件は，日本で起きた初めての環境汚染による公害事件と言われています。この事件を被害地の村人たちといっしょにうったえ，生がいを通してたたかい続けた人物が，田中正造です。

　1880年代半ばごろから，栃木県にある足尾銅山から流れ込む鉱毒によって渡良瀬川の水が青白くにごるようになりました。川では何万びきというアユやコイが死んで浮き上がるようになりました。この川の水がかかった土地では，イネや麦などの農作物も枯れるようになりました。また，足尾銅山で銅を作る工場から出てくる大量のけむりも，周りの環境を汚染し，病気になる人も増えていきました。

　当時，国会議員だった正造は，1891（明治24）年に国会での政府への質問演説で，死んだ魚や立ち枯れたイネを示しながら，こうさけびました。

　「足尾銅山の流す鉱毒のため，渡良瀬川の流域では魚は死に，作物は枯れてしまう。政府は，ただちに銅山に命じて鉱石をほることをやめさせるべきであります」

　そこで，明治政府は，被害が足尾銅山の鉱毒が原因かどうかを調べ，鉱毒の予防を工場側に命じて，鉱石のかすが散らばらないようにする器械を取り付けさせました。

　しかし，それでも鉱毒の被害はやむことがありませんでした。1896（明治29）年には大雨のため渡良瀬川の堤防が切れてしまい，鉱毒でよごれた水があたり一帯に流れこみ，農作物や家ちくに大きな被害を与えました。

　それにいかった農民たちが上京して陳情にかけ合おうとしましたが，受け付けてもらえませんでした。また，正造が国会でいくらうったえても，あまり効果はありませんでした。正造はこうした状況にいきどおって言いました。

　「被害に苦しむ国民を守ることができないで，いったい何のための議会だ」

　ただ，世論はこうしたうったえになかなか耳を貸しませんでした。なかには，「正造が選挙の票かせぎのために国会でうったえているにすぎない」と中傷する声さえありました。

場面②

　そこで，正造は1901（明治34）年の秋に衆議院に辞表を提出し，議員をやめてしまいました。しかし，それは公害とのたたかいをあきらめたわけではありませんでした。その年の12月10日，正造は決死の覚悟で，最後の手段に出たのです。

　明治天皇が乗った馬車が帝国議会の開院式から帰るところに，正造はかけ寄りました。

　「陛下にお願いがございます。お願いがございます……」

正造は，足尾銅山事件で村人がどれほど苦しんでいるかを記した直訴状を，天皇にわたそうとしました。正造はすぐに警官2人に取りおさえられてしまい，直訴状をわたすことはできませんでした。

　当時，天皇に直訴することは許されておらず，不敬罪でたいほされることになっていました。警察は，正造が病気で発作を起こして，馬車の前にたおれたにすぎないことにして，すぐに釈放しました。

　しかし，こうした正造の行動を新聞や雑誌が大きく取り上げました。そのおかげで，世の中の人々が足尾銅山鉱毒事件に注目するようになりました。そこで，政府は，渡良瀬川のこう水によって鉱毒が広まるのを防ぐために，渡良瀬川と利根川が合流する地点に近い栃木県の谷中村に遊水池を作ることにしました。

　しかし，正造はこの案に反対しました。

「それでは谷中村がつぶれてしまうではないか」

　政府は村人にお金を与えて立ちのかせようとしました。正造は64さいのときに谷中村に移り住み，そこの村人たちと共に反対運動をしました。しかし，村人たちもだんだんたたかうことにつかれはて，よその土地へ引っこしていくようになりました。そして，1906（明治39）年に谷中村のあった所は遊水池になりました。

場面③

　その後，正造は年老いて病気がちになりながらも，わずかに残った村人たちを訪ね歩き，はげましました。また，知り合いの議員をおとずれては，何とか鉱毒事件や谷中村のことを取り上げてくれるようにたのみました。

　1913（大正2）年に川の調査をしている途中で正造はたおれ，1か月後に73さいで生がいを終えました。かれが残したのは，まくら元に置かれた袋の中にあった日記と原こう，聖書，鼻紙，そしていくつかの石ころでした。葬儀には，かれを慕う数万人もの人が参列したと言われています。

　正造は公害問題のおそろしさをうったえ，動植物や人間の生命の尊厳を守ろうと最後まで取り組みました。正造は，「真の文明は，山を荒さず，川を荒さず，村を破らず，人を殺さざるべし」とうったえました。正造はとうとう最後まで公害を止めることはできませんでしたが，かれの悲痛なたましいのさけびは，私たちの心に今もひびいてきます。

[参考文献]
1．林竹二『田中正造―その生涯と思想―』筑摩書房，1985年
2．上笙一郎「田中正造」『光村ライブラリー　田中正造 ほか』光村図書，2002年
3．「田中正造」『10分で読める伝記　6年生』学習研究社，2011年

ワークシート

「田中正造」

6年　　組　　番　名前 ＿＿＿＿＿＿＿＿＿＿＿＿＿＿＿

1. 足尾銅山鉱毒事件では，何が問題になっていましたか。

```
┌─────────────────────────────────────┐
│                                     │
│                                     │
│                                     │
│                                     │
└─────────────────────────────────────┘
```

2. 田中正造は，この場面でどうすればよかったと思いますか。

	理　由	その結果
1案		
2案		
3案		

3. 田中正造の生き方から，何を学びましたか。
　　その生き方を，今後の自分にどう生かしていきたいですか。

```
┌─────────────────────────────────────┐
│                                     │
│                                     │
│                                     │
│                                     │
│                                     │
└─────────────────────────────────────┘
```

❽ 指導の実際

■事前指導 》》》

① 総合単元的道徳学習の構想として，社会科で「公害をこえて」「水俣に起きた公害」を学習する。
② NHKテレビドラマ「足尾から来た女」の一部のシーンを視聴する。
③ 教材「田中正造」は長文であるため，事前に教材を児童に配布しておき，読ませておく。
④ 事前に図書館やインターネットで，田中正造とその時代について調べておくように指示を出しておく。

■導入 》》》

T 社会科でわが国の公害について学んできました。どのような公害があったでしょうか。
C 水俣病，第二水俣病（新潟水俣病），イタイイタイ病，四日市ぜんそくがありました。
T そのほかにも公害には，光化学スモッグの問題や六価クロム事件などもあります。最近では，福島第一原子力発電所事故も起きました。どうしてこのような公害が起きたと思いますか。
C 企業が利益ばかり追求したから。➡人間の命に対する配慮が足りなかったからだと思います。
T 今日は足尾銅山鉱毒事件で活躍した田中正造の話を取り上げます。

■展開前段 》》》 ※教材の場面①を教師が読み上げる。

T 足尾銅山鉱毒事件では，何が問題になっていますか。
C 工場からの公害がひどくて，被害がどんどん広がっていることです。➡このままではたくさんの人が死んでしまうことになります。➡自然への影響もかなり大きいと思います。
C 正造がいくら政府に訴えても，十分な対応をしてもらえなかったことです。➡地元の農民や議員の正造が訴えるくらいでは，当時の政府にはまったく相手にされなかったことです。➡政府は国を豊かにするために産業を優先していたのだろう。
C 農民が暴動を起こしそうになっていることも問題だと思います。これでは農民が警察に捕まってしまう。
T 正造はどうすればよかったと思いますか。4人1組のグループで話し合いましょう。
C 明治政府に期待して，国会で徹底して訴え続けるべきだと思います。いつかは誠

意が通じて，多くの支持が集まってきて，きちんと公害対策を取ってもらえると思うからです。
C　それは現実的ではありません。この当時の政府は，人の命よりも国の発展や豊かさを追求しています。それより，正造は民衆と一緒に暴動を起こし，少し政府を驚かせてもよいのではないでしょうか。すでに何度も国会で訴えても，無視されてきたのだから，もう止めるべきではないように思います。
C　それでも国会議員としては，正造のように平和的に解決することが正しいと思います。法治国家なんだから。
C　この当時は，それでは何も解決しません。放っておけば，被害がどんどん広まるばかりです。

■展開後段 》》》※場面②を教師が読み上げる。

T　実際の正造は，国会議員を辞めて，天皇に直訴しました。正造はなぜこのようなことをしたのでしょうか。これでよかったと思いますか。賛成派と反対派に分かれて議論してみましょう。（賛成派と反対派で席を移動する）
C　（賛成派）　最後の手段として仕方ないと思います。国会議員のままではできないから，議員もあえて辞めて，一か八かの賭けに出たのだと思います。
C　（反対派）　国会議員を辞めるべきではなかったと思います。国会で質疑ができなければ，政府に意見を聞いてもらえなくなります。
C　（賛成派）　もう無理じゃないかな。やるだけのことは正造はやり尽くしたんだと思います。それでも天皇に直訴すれば，聞き届けてもらえる可能性はあります。それほど切羽詰まっていたんだと思います。
C　（反対派）　法治国家である以上，天皇に直訴することは許されていないはずだ。きちんと法的手続きをとるべきだと思います。法を犯したら，いくら大義名分があっても犯罪者になるだけです。
C　（賛成派）　それで問題は解決するのですか。無理だったから，人の命を助けるために最後の手段に出たのではありませんか。
C　（反対派）　国会議員を辞めたら，給料がなくなって生活に困るし，政治力もなくなって，だれも味方しなくなります。無駄な抵抗しても意味ないよ。
C　（賛成派）　それでも公害で苦しむ人々を見捨てるわけにはいかないだろう。みんなは先週の授業で，キング牧師の話で感動した，あの心を忘れたのか。無駄と言われようと，最後の最後まであきらめずに，みんなのために闘い続けることが大事じゃないのか。
C　（反対派）　私たちだってそうしたいけど……。

■**終末** >>> ※場面③を読み上げる。

T 田中正造の生き方から何を学びましたか。また，その生き方は今後の自分にどう生かしていきたいですか。ワークシートに記入した後，発表してください。

C 田中正造はまさに信念の人だと思います。名前のとおり，正義を造り，正義を貫いた生涯だったと思います。こんな日本人がいることに感動したし，自分もこういう生き方をしたいです。最後に正造が持っていたのは，日記と原稿，聖書，鼻紙，石ころだけだったというのもすごいです。それでも，葬式には数万人もの人が来たことに驚きました。こういう人こそがほんとうの偉人なんだと思います。ぼくも，こういう人に少しでも近づけるように強く生きていきたいと思います。

C 初めは，田中正造が国会議員を辞めて，天皇に直訴したことは間違っているように思えました。私なら国会議員を続けたまま，公害による被害状況を訴え続けるような気がしたからです。しかし，友達の発言などを聞いているうちに，民衆を救うためには，あのような手段しかなかったように思えてきました。そうした姿勢を最後までぶれずに貫き通せた田中正造は，さすがだと心から思いました。田中正造ほど立派な生き方はできないかもしれませんが，それでも正義の大切さを胸に，自分は間違っていないと思える人生を送ってみたいです。

❾ 評価の実際

　足尾銅山鉱毒事件において田中正造の行動を振り返り，どうすればよかったかについて考え議論するなかで，思考・判断・表現の深まりや広がりを評価する。

　特に，被害を受けた住民たちに対する思いやり B-7 や，どうにかして社会を改革したいという正義感 C-13 ，その一方で法律やルールを遵守しなければならないこと C-12 も考え合わせて，正造の行動を多面的・多角的に考え，議論した様子を評価する。

　田中正造の生涯とその思想と関連づけながら，「公正，公平，社会正義」 C-13 についてどれほど理解が深まったかを評価する。田中正造の生き方を参考にして，自己の生き方や人間の生き方について理解をどれほど深めることができたか，これからの自分の人生を前向きに考えることができたか，よりよい社会をつくろうとする意欲がもてたかを評価する。

　授業後の学校生活において，公正，公平，社会正義に基づく行動ができている点を評価する。例えば，今日の公害や環境汚染について調査し，持続可能な社会をつくるために環境問題を解決するための活動に積極的に取り組んでいる様子を認める。

おわりに

　「特別の教科」となった道徳授業をいかに改善・充実させるかは，わが国の教育界における一大関心事である。これまで道徳授業の改革をどれほど訴えても，一方からは「わが国の道徳授業では決まった形があるから駄目だ」と言われ，他方では「そもそも学校で道徳授業などやるべきではない」と否定されてきた。

　しかし，道徳が教科化されることで，ようやく真摯な国民的議論が巻き起こり，本書で示すような子どもが主体的に考え議論する問題解的型の道徳授業を積極的に導入する運びになった。これがわが国の道徳授業を再生させる最後の希望となるかもしれない。

　そもそも世界的な視座でみれば，本書のような問題解決型の道徳授業は，一般的なことであり，すでにグローバル・スタンダード化している。筆者がこれまで調査研究してきたアメリカをはじめ，フランス，イギリス，オーストラリア，シンガポール，韓国，中国などでは，当然のように問題解決学習を道徳授業に取り入れている。

　こうした問題解決型の道徳授業は，新しい人格教育や市民性教育，法教育，情報教育，環境教育，生命倫理教育などでも当然のように活用されている。わが国のように主人公の心情理解にばかり偏った道徳授業は，世界的にみればごく稀なのである。

　また，問題解決型の道徳授業は，「小学校の低学年ではむずかしい」「発達段階に応じて高学年から始めるべき」と言われることがある。しかし，本書でも示したように問題解決型の授業展開は，低学年どころか，幼稚園の子どもたちにも十分できる。

　例えば，本書でも取り上げた「橋の上でオオカミさんはどうしたらいいだろう」「自分が子つばめだったらどうするだろう」などの問題解決的な発問を一度，低学年の子どもたちに聞いてみていただきたい。すぐに子どもたちは主体的に考え，活発に話し合い始めることだろう。問題解決型の道徳授業は，幼稚園の子どもから，小・中学生はもちろんのこと，高校生や大学生でも活用できる点で，非常に汎用性が高い指導方法なのである。

　さらに，問題解決型の道徳授業は，臨機応変にアドリブを利かせて進めるため，わが国の小・中学校の先生方にはむずかしいのではないかと言われることがある。しかし，世界的にみれば，わが国の小・中学校の先生方ほど優秀で熱心な先生方はいないであろう。文部科学省の方針として明確な指導方法や評価方法が示されれば，現場の先生方はそれらに柔軟に対応されて創意工夫を重ねて，一躍世界トップクラスの道徳授業を展開されるにちがいない。

本書で提示した指導方法も，実のところ，全国の学校の先生方にご教示，ご協力，ご支援いただくことで創出することができたものばかりである。本書の授業実践例は，基本的に岐阜大学大学院教育学研究科の講義や演習で開発・実践されたものが多いが，それ以外にも全国各地で行われた多種多様な授業実践の中から選出している。

　特に，広島県安芸高田市立吉田小学校，栃木県鹿沼市立さつきヶ丘小学校，武蔵村山市立第八小学校，愛知教育大学附属名古屋小学校などでは，学校ぐるみで問題解決型の道徳授業に取り組んでいただいた。多大なるご支援ご協力を賜った学校や教育委員会の皆々様に心より御礼を申し上げたい。

　問題解決型の授業実践例は，管見でもすでに数百以上あるが，本書ではできるだけ定番資料を優先し，基本的なつくり方に忠実で，わかりやすい事例を取り上げることにした。また，地域や学校ごとに指導案の書式やファイル形式が異なるため，今回は残念ながら掲載を見送った事例も数多くある。

　私としては，型を守る実践，型を破る実践，型を離れた実践などがどんどん登場することを期待している。機会があれば，ぜひもっと多種多様な授業実践例を全国の先生方に紹介し共有したいと切望している。

　問題解決型の道徳授業は，まだまだ発展途上にある。本書の授業実践でも，基本的な理論に忠実なタイプから逸脱したタイプまで多様にある。

　これから多くの教材を開発し，さまざまな実践を積み重ね，常に創意工夫や改良を行うことでより完成度を増していくだろう。本書をもとに問題解決型の道徳授業（指導案）を開発・実践されたら，ぜひ筆者にご一報いただけるとありがたい。
（連絡先　岐阜県岐阜市柳戸１－１　岐阜大学大学院教育学研究科，E-mail：yagiryo@nifty.com）
　ぜひ志を同じくする先生方とこれからも連携・協力しながら，有意義な道徳授業を１つでも多く開発・実践していければ誠に幸甚である。

　私はこれまで一貫して「問題解決型の道徳授業」を提唱してきた。最初に，平成20年の学習指導要領に対応させた『問題解決型の道徳授業―プラグマティック・アプローチ―』（明治図書）を約10年前（2006年）に刊行した。この本は幸いにも何度も版を重ねることができ，いまでもその指導方法自体はけっして廃れていないが，内容項目や専門用語が古くなってしまったため，すでに絶版となっている。そこで，2015年の新しい学習指導要領に対応させて『問題解決的な学習で創る道徳授業　超入門』（明治図書）を刊行し，簡潔にわかりやすく指導方法を示した。ただ，この入門書では詳細な指導方法や具体的な授業展開，ワークシート等があまり例示されていない。そこで，本書は前二著を補充するとともに一部統合する形で，問題解決型の道徳授業を全面的に書き改めることにした。

本書の第1章は，書下ろしである。私が中央教育審議会道徳教育専門部会をはじめ，さまざまな教育雑誌，講演，研修，シンポジウムで提案してきた内容を本書の内容に合わせて簡潔にまとめ直してある。

　第2章は，前著『問題解決型の道徳授業』（明治図書）の方法論を新しい学習指導要領や解説書に合わせて大幅に加筆・修正して，バージョン・アップしたものである。指導の内容項目や専門用語もすべて新しい学習指導要領に合わせて書き改めてある。

　第3章は，ここ10年で問題解決型の道徳授業として公表されてきたものを取り上げた。『私たちの道徳』や副読本でよく使用される定番教材を多めに取り入れているが，あまり知られていない葛藤教材や自作教材も含まれている。できるだけ新しい学習指導要領に対応した学習指導過程を構成し，具体的な指導方法と指導案をできるだけ詳細に示した。

　具体的には，下記の先生方の実践を参考にさせていただいた。ここに記して深謝の意を表したい。（丸数字は，事例の番号）

鈴木一郎先生……①	吉村光子先生……②
野田恭代先生……③	福田尚巳先生……④
高橋有津美先生…⑤	小野祐子先生……⑥
寺田志貴先生……⑦	八島恵美先生……⑫
原　明美先生……⑬	酒井立人先生……⑭
花村由紀先生……⑮	嶋田進吾先生……⑯
上岡広正先生……⑰	

　最後になったが，本書の刊行をご快諾いただいた図書文化社の福富泉社長をはじめ，関係者各位に心より感謝を申し上げたい。本書は図書文化社の水野昇出版部長に企画から編集まで大変お世話になり，ようやく刊行にいたったものである。新しい時代の道徳授業を一緒に創りたいという熱き想いを共有して，水野氏とともに本書の企画・構成から教材の選定，指導方法や評価法の吟味まで検討を進めることができたことを幸甚に思う。ここに記して深謝の意を表したい。

　新しい道徳科はまだ夜明け前の暗さだが，必ずや輝ける朝陽が燦然と差してくることを心より祈念したい。

2016年3月

柳沼　良太

著者紹介
　　柳沼　良太（やぎぬま　りょうた）

経歴：早稲田大学大学院文学研究科博士後期課程修了，博士（文学）。
　　　早稲田大学文学部助手，山形短期大学専任講師を経て，
　　　現在，岐阜大学大学院教育学研究科准教授。日本道徳教育学会理事，前中央教育審議会道徳教育専門部会委員，道徳教育の改善等に係る調査研究委員。

単著：『プラグマティズムと教育―デューイからローティへ―』八千代出版，2002 年。『問題解決型の道徳授業―プラグマティック・アプローチ―』明治図書，2006 年。『ローティの教育論―ネオ・プラグマティズムからの提言―』八千代出版，2008 年。『ポストモダンの自由管理教育―スキゾ・キッズからマルチ・キッズへ―』春風社，2010 年。『「生きる力」を育む道徳教育―デューイ教育思想の継承と発展―』慶應義塾大学出版会，2012 年。『実効性のある道徳教育―日米比較から見えてくるもの―』教育出版，2015 年。

共著：『教育の可能性を読む』情況出版，2001 年。『経験の意味世界をひらく―教育にとって経験とは何か―』東信堂，2003 年。『教育の臨界―教育的理性批判―』情況出版，2005 年。『道徳教育入門―その授業を中心として―』教育開発研究所，2008 年。『学校教育と道徳教育の創造』所収，学文社，2010 年。日本デューイ学会編『日本のデューイ研究と 21 世紀の課題』世界思想社，2010 年。編著『道徳の時代がきた！―道徳教科化への提言―』教育出版，2013 年。編著『道徳の時代をつくる！―道徳教科化への始動―』教育出版，2014 年。編著『新教科 道徳はこうしたら面白い―道徳科を充実させる具体的提案と授業の実際―』図書文化，2015 年。

翻訳：トーマス・リコーナ，マッド・デビッドソン著『優秀で善良な学校』慶應義塾大学出版会，2012 年。

子どもが考え，議論する
問題解決型の道徳授業 事例集　小学校
問題解決的な学習と体験的な学習を活用した道徳科の指導方法

2016年 6 月 1 日　初版第 1 刷発行［検印省略］
2017年11月20日　初版第 3 刷発行

編著者　Ⓒ柳沼良太
発行者　福富　泉
発行所　株式会社 図書文化社
　　　　〒112-0012　東京都文京区大塚1-4-15
　　　　Tel 03-3943-2511　Fax 03-3943-2519
　　　　振替　00160-7-67697
　　　　http://www.toshobunka.co.jp/
組版・印刷　株式会社 厚徳社
製　本　株式会社 村上製本所
装　幀　中濱健治

|JCOPY|〈出版者著作権管理機構　委託出版物〉
本書の無断複写は著作権法上での例外を除き禁じられています。
複写される場合は，そのつど事前に，出版者著作権管理機構
（電話 03-3513-6969，FAX 03-3513-6979，e-mail：info@jcopy.or.jp）
の許諾を得てください。

乱丁・落丁本はお取り替えいたします。
定価はカバーに表示してあります。
ISBN978-4-8100-6672-2　C3337